Las MEDITACIONES

de Marco Aurelio

Una Nueva Perspectiva

Samuel Cartaxo

■■■

Lista de colaboradores: Marcus Aurelius, George Long, John Jackson, George Chrystal, Juan C.G.

Las Meditaciones: Una Nueva Perspectiva

Derechos de autor © 2023 por Samuel Cartaxo

Parte de este texto se basa en las obras maravillosamente precisas de George Long (1862) y John Jackson (1906), ambas de dominio público; sin embargo, ha sido completamente reescrito y ampliado a un lenguaje contemporáneo.

Traducción: Juan C.G.

Edición/Versión: 1/11 [Revisada 19 abr. 24]

1. Ética.   2. Estoicos.   3. Vida.

■ AΩ ■

Amplíe sus horizontes literarios y regale el placer de la lectura: Descubra un mundo de libros cautivadores que inspiran, educan y entretienen.

https://www.legendaryeditions.art/

DEDICACIÓN

Este libro está dedicado con amor y gratitud a mi querida mamá Judith Cartaxo, que se fue con Dios este año, mucho antes de lo que esperábamos. Te echo mucho de menos, mamá. Te amo.

CONTENIDO

PRESENTACIÓN

Este libro es un viaje cautivador y transformador a través de las enseñanzas del estoicismo. A partir de la sabiduría intemporal de las Meditaciones del emperador Marco Aurelio, ofrece una representación vigorizante y pertinente de esta antigua filosofía.

Desvela los misterios de una vida libre de problemas y ansiedad, y descubre la fortaleza para afrontar cualquier situación con aplomo y solidez. Comprenda cómo controlar sus pensamientos y sentimientos, crear un sentimiento de serenidad interior y vivir una vida real, sustancial y gratificante.

Le invitamos a conocer "Una nueva perspectiva": descubra las profundas ideas del gran Marco Aurelio de una forma que traslada su vasto conocimiento de la vida a su vida. La mayoría de las ediciones de "Meditaciones" se limitan a ordenar cada pensamiento o meditación en un solo párrafo, prestando poca atención a la importancia de la estructura. Sin embargo, hay ciertas meditaciones que son tan largas y detalladas que merecen un volumen entero dedicado exclusivamente a su discusión. Desgraciadamente, a lo largo de los años se ha generalizado la dispersión de párrafos sin encabezamientos claros. Esta edición cambia todo eso al presentar las meditaciones bajo títulos claros y concisos que anticipan sus temas y mensajes, cada uno de ellos presentado con un lenguaje directo que permite al lector sumergirse de lleno. Experimente la profundidad y densidad de "Meditaciones" bajo una nueva luz.

Compuesto en un lenguaje claro y ágil, pero tratando de emular algunos de los "sentimientos" de la narración del gran Marco Aurelio, este libro proporciona un camino bien definido hacia una vida superior, y es el compañero perfecto para cualquiera que desee una visión más profunda de la filosofía estoica. Tanto si buscas mejorar tus interacciones, cultivar la resistencia o simplemente encontrar más satisfacción y alegría, este libro tiene algo para ti. Como ayuda para recabar más información, al final del libro se ofrece un completo glosario de términos y un monstruoso índice de unas 2.000 palabras.

Así que, si estás deseando embarcarte en un viaje hacia una vida de mayor valor e intención, ¡consigue tu ejemplar ahora! Con poderosas revelaciones y prácticos consejos, este libro es tu pasadizo hacia una vida más gratificante y satisfactoria. ¡Que lo disfrutes!

PRÓLOGO

Esta edición comenzó como pura curiosidad, se convirtió en un experimento y luego se transformó en una maravillosa aventura. No está dirigida a filósofos expertos ni a historiadores eruditos de la vida y obra de Marco Aurelio; es una edición hecha para ti, como yo, un lector corriente, deseoso de aprender, curioso y maravillado por el hecho de que enseñanzas como las que se recogen en este libro puedan abarcar siglos y más siglos y, sin embargo, seguir siendo de inmensa relevancia para nuestras vidas actuales.

¿Por qué "Una nueva perspectiva"? Me explico. La primera vez que me enfrenté a un libro de Meditaciones de Marco Aurelio, sentí de inmediato que el inestimable conocimiento de la vida registrado por el gran Marco Aurelio ha sido infravalorado con respecto a la estructura habitual otorgada a su texto. Normalmente, las ediciones presentan sus libros divididos en capítulos, y cada anotación de Marco (o meditación, si se prefiere) recibe un mero párrafo. También he observado que algunas meditaciones son bastante extensas y detalladas, mereciendo posiblemente un volumen dedicado a su propia discusión, dada su densidad sapiencial y su profundidad. A pesar de ello, los párrafos sueltos, sin siquiera un título que los relacione, se han convertido en algo habitual en la literatura a lo largo de los siglos. La discusión de estas meditaciones más relevantes del Emperador no se abordó en esta edición; sin embargo, junto al lenguaje más fluido y actualizado, se añadió a cada meditación un epígrafe que transmite de antemano al lector su tema y mensaje. Esta disposición mejora inmensamente la lectura, de tal forma que permite al lector examinar rápidamente el índice en busca de un tema que capte su atención, para luego saltar directamente a la meditación deseada.

Se hizo un esfuerzo por modernizar el lenguaje, pero conservando cierta atmósfera del estilo antiguo, una presunta característica de la época del emperador. La idea es que, mientras el lector recorre el texto, se sumerja en el pasado y se imagine al propio Marco Aurelio haciendo la narración a sus oídos. Esta inmersión temporal se vería muy dificultada por un lenguaje completamente actualizado, con una estructura siempre directa, que incluyera términos banales o incluso jergas, por ejemplo... Por esta razón, muchos pasajes están colocados intencionadamente "en la voz" del gran Emperador, aunque este aspecto no sea más que un gusto personal. No obstante, espero que el lector se abstraiga de la realidad concreta, aunque sólo sea por unos instantes, y escuche la sabiduría proclamada en aquellos milenios pasados.

Como esta edición de las "Meditaciones" se ha diseñado para una mayor accesibilidad del lector actual, al tiempo que se ha intentado preservar su mensaje y estructura fundamentales, el resultado es una descripción inspiradora y relevante del estoicismo, una de las escuelas más influyentes de la filosofía clásica. Para obsequiar a los bibliófilos más curiosos, al final del volumen se incluye un glosario completo, repleto de información contextual. Además, se ofrece al lector un enorme índice de unas 20 páginas, que abarca miles de palabras y expresiones mencionadas a lo largo del texto.

Llegados a este punto, es posible que se pregunte qué es eso que llaman estoicismo, ¿verdad? Pues bien, hagamos una breve introducción... El estoicismo se originó en Atenas a principios del siglo III a. C. y hace hincapié en el autocontrol y la resistencia a la hora de afrontar la adversidad y perseguir una vida virtuosa y plena. Los estoicos creían que nuestras emociones y bienestar dependen en gran medida de nuestros pensamientos y creencias, y que tenemos el poder de regularlos. Marco Aurelio fue un célebre exponente del estoicismo, una escuela de pensamiento que hace hincapié en la autodisciplina y la fortaleza frente a la lucha. Su obra maestra, "Meditaciones", está considerada como una de las obras cumbre del estoicismo y ofrece una visión de sus teorías y modos de vida, proporcionando una orientación y un estímulo útiles para vivir una vida más gratificante y llena de sentido. Este libro ofrece una visión de sus creencias y prácticas, proporcionando a los lectores orientación práctica e inspiración para llevar una vida más significativa y plena.

Dicho esto, le invito a embarcarse en un viaje de descubrimiento y transformación con "Meditaciones de Marco Aurelio". Este libro es un retrato cautivador y sugerente de la sabiduría atemporal del emperador Marco Aurelio y sus enseñanzas filosóficas.

Samuel Cartaxo

INTRODUCCIÓN

— Un noble emperador de sabiduría estoica y éxito militar

Marco Aurelio Antonino, nacido el 26 de abril del año 121 d. C., pertenecía a una familia noble que pretendía descender de Numa, el segundo rey de Roma. Por tanto, el más piadoso de los emperadores procedía del linaje del más religioso de los primeros reyes. Aunque sus padres murieron jóvenes, Marco los tuvo en alta estima durante toda su vida.

1. La vida y el reinado de Marco Aurelio Antonino

Marco Aurelio Antonino nació el 26 de abril de 121 d. C. Su verdadero nombre era M. Annius Verus, y pertenecía a una familia noble que decía descender de Numa, el segundo rey de Roma. Así pues, el más religioso de los emperadores procedía de la sangre del más piadoso de los primeros reyes. Su padre, Annius Verus, ocupó altos cargos en Roma, y su abuelo, del mismo nombre, fue cónsul tres veces. Ambos padres de Marco murieron jóvenes, pero él los guardó en su memoria con cariño. A la muerte de su padre, Marco fue adoptado por su abuelo, el cónsul Annius Verus, y entre ambos surgió un profundo amor. Ya en la primera página de su libro, Marco declara su gratitud por haber aprendido de su abuelo a ser gentil, manso y a refrenar la ira y la pasión. El emperador Adriano reconoció el noble carácter del joven, al que no llamó Verus, sino Verissimus, más verdadero que su propio nombre. Elevó a Marco a la orden ecuestre a la edad de seis años y, a los ocho, lo hizo miembro del antiguo sacerdocio salio. La tía de Marco, Annia Galeria Faustina, estaba casada con Antonino Pío, que llegaría a ser emperador. Antonino, sin hijos, adoptó a Marco, cambiándole el nombre por el que sería conocido, y lo casó con su hija Faustina. Su educación se llevó a cabo con sumo cuidado. Se contrataron para él los maestros más hábiles, y Marco fue entrenado en la estricta doctrina de la filosofía estoica, que era su gran placer. Se le enseñó a vestir con sencillez y a vivir con modestia, evitando el lujo y la dejadez. Su cuerpo fue entrenado para la resistencia con combates, caza y juegos al aire libre; y, a pesar de su frágil constitución, demostró un gran valor personal al enfrentarse a los jabalíes más feroces. Al mismo tiempo, se libró de los excesos de su época. La gran conmoción en Roma eran las disputas entre facciones en el circo. Los pilotos adoptaban uno de los cuatro colores -rojo, azul, blanco o verde- y sus seguidores mostraban un afán por apoyarlos que nada podía superar. Los disturbios y la corrupción surgieron a raíz de las carreras de coches; y de todo ello, Marco se mantuvo rígidamente al margen.

En 140, Marco fue elevado al consulado y, en 145, su compromiso se consumó en matrimonio. Dos años más tarde, Faustina le dio una hija, y poco después le fueron conferidos el tribunado y otros honores imperiales.

Antonino Pío murió en 161 y Marco se hizo cargo del estado imperial. Se asoció inmediatamente con L. Ceionio Cómodo, a quien Antonino había adoptado como hijo menor al mismo tiempo que a Marco, dándole el nombre de Lucio Aurelio Vero. A partir de entonces, ambos fueron colegas en el imperio, y el más joven fue entrenado para sucederle. Tan pronto como Marco se estableció en el trono, estallaron guerras por todos lados. En el este, Vologeso III de Partia inició una revuelta largamente planeada, destruyendo toda una legión romana e invadiendo Siria (162). Verus fue enviado a toda prisa para sofocar esta revuelta, y cumplió con su cometido sumiéndose en la embriaguez y el libertinaje, mientras la guerra quedaba en manos de sus oficiales. Poco después, Marco tuvo que enfrentarse a un peligro más grave en su propio país: la coalición de varias tribus poderosas en la frontera norte. Entre ellas destacaban los marcomanos, los quados (mencionados en este libro), los sármatas, los catos y los jazigios. En Roma, hubo peste y hambre, una traída de Oriente por las legiones de Verus, la otra causada por las inundaciones que destruyeron enormes cantidades de grano. Tras hacer todo lo posible por paliar la hambruna y satisfacer las necesidades urgentes -Marco se vio obligado incluso a vender las joyas imperiales para conseguir dinero-, ambos emperadores emprendieron una lucha que se prolongaría más o menos durante el resto del reinado de Marco. Durante estas guerras, en 169, murió Verus. No disponemos de medios para seguir las campañas en detalle, pero lo que sí es cierto es que, al final, los romanos consiguieron aplastar a las tribus bárbaras y lograr un acuerdo que hizo más seguro el imperio. El propio Marco era el comandante en jefe, y la victoria se debió no sólo a su propia habilidad, sino también a su sabiduría a la hora de elegir lugartenientes, que se puso de manifiesto en el caso de Pertinax. En estas campañas se libraron varias batallas importantes, y una de ellas se ha hecho famosa por la leyenda de la Legión Troyana. En una batalla contra los Quados en 174, el día parecía favorecer al enemigo, cuando de repente se levantó una gran tormenta de truenos y lluvia, los relámpagos aterrorizaron a los bárbaros, que se dieron la vuelta para huir. En días posteriores, se dijo que esta tormenta había sido enviada en respuesta a las plegarias de una legión que contenía muchos cristianos, y por esta razón se le dio el nombre de Legión Troyana. El título de Legión Troyana se conoce en una fecha anterior, por lo que esta parte de la historia al menos no puede ser cierta, pero la ayuda de la tormenta se reconoce en una de las escenas esculpidas en la Columna de Antonino en Roma, que conmemora estas guerras.

El acuerdo alcanzado tras estos disturbios podría haber sido más satisfactorio de no haber sido por el inesperado levantamiento en oriente. Avidio Casio, un hábil capitán que había ganado renombre en las guerras partas, era ahora gobernador en jefe de las provincias orientales. Había concebido el proyecto de autoproclamarse emperador, por cualquier medio que fuera, tan pronto como muriera Marco, que por aquel entonces estaba delicado de salud, y cuando le comunicaron que Marco había muerto, Casio hizo lo que había planeado. Al conocer la noticia, Marco cosió inmediatamente la paz y regresó a su casa para hacer frente a este nuevo peligro. La gran tristeza del emperador fue tener que involucrarse en los horrores de la guerra civil. Alabó las cualidades de Casio y expresó su sincero deseo de que este no resultara herido antes de tener la oportunidad de concederle el perdón sin restricciones. Pero antes de que pudiera dirigirse al este, Casio recibió la noticia de que el emperador seguía vivo; sus seguidores se apartaron de él y fue asesinado. Marco se dirigió ahora al este, y mientras estaba allí, los asesinos le trajeron la cabeza de Casio, pero el emperador rechazó indignado su regalo, ni permitió que los hombres entraran en su presencia.

2. El ascenso y la caída del emperador Marco Aurelio y los problemas de su familia

Durante este viaje, murió su esposa, Faustina. A su regreso, el emperador celebró un triunfo (176). Inmediatamente después, se dirigió a Germania y asumió de nuevo la carga de la guerra. Sus operaciones fueron seguidas de un completo éxito, pero los problemas de los últimos años habían sido demasiado para su nunca robusta constitución, y el 17 de marzo de 180 murió en Panonia.

El buen emperador no se libró de los problemas domésticos. Faustina le dio varios hijos, de los que era apasionadamente cariñoso. Sus rostros inocentes aún pueden verse en muchas galerías de esculturas, evocando con extraño efecto el semblante soñador de su padre. Pero murieron uno tras otro, y cuando Marco llegó a su propio fin, sólo quedaba vivo uno de sus hijos: el débil e indigno Comodo. A la muerte de su padre, Cómodo, que le sucedió, deshizo el trabajo de muchas campañas mediante una paz precipitada e imprudente, y su reinado de doce años demostró que era un tirano feroz y sanguinario. El escándalo se ocupó libremente del nombre de la propia Faustina, acusada no sólo de infidelidad, sino de intrigar con Casio e incitarle en su fatal rebelión. Hay que admitir que estas acusaciones no se basan en pruebas fidedignas, y el emperador, en cualquier caso, la amaba profundamente, ni sintió nunca la menor sospecha.

3. El reinado de Marco: una evaluación de sus acciones y su legado

Como soldado, hemos observado que Marco era capaz y tenía éxito; como administrador, era prudente y concienzudo. Aunque impregnado de las enseñanzas de la filosofía, no intentó remodelar el mundo según ningún plan preconcebido. Siguió el camino trillado de sus predecesores, tratando únicamente de cumplir con su deber lo mejor posible y evitar la corrupción. Es cierto que cometió algunas imprudencias. Crear un compañero en el imperio, como hizo con Verus, era una innovación peligrosa que sólo podía funcionar si uno de los dos se apagaba; y bajo Diocleciano este mismo precedente hizo que el Imperio Romano se dividiera en dos mitades. Erró en su administración civil centralizando demasiado. Pero el punto fuerte de su reinado fue la administración de justicia. Marco procuró crear leyes para proteger a los débiles, para hacer menos difícil la vida de los esclavos, para ser padre de los huérfanos. Se crearon fundaciones benéficas para criar y educar a los niños pobres. Se protegía a las provincias contra la opresión y se concedía ayuda pública a las ciudades o distritos que pudieran sufrir calamidades. La gran mancha en su nombre, y que resulta realmente difícil de explicar, es el trato que dispensó a los cristianos. Durante su reinado, Justino en Roma se convirtió en mártir por su fe, y Policarpo en Esmirna, y sabemos de muchos brotes de fanatismo en las provincias que causaron la muerte de fieles. No es excusa afirmar que no sabía nada de las atrocidades llevadas a cabo en su nombre: era su deber saberlo, y si no lo hubiera sabido, habría sido el primero en confesar que había faltado a su deber. Pero por su propio tono al hablar de los cristianos, está claro que sólo los conocía por calumnias, y no tenemos noticia de que tomara ninguna medida para que tuvieran un juicio justo. Trajano fue mejor que él en este aspecto.

4. La secta estoica: Breve historia y enseñanzas

Para una mente reflexiva, una religión como la de Roma daría poca satisfacción. Sus leyendas eran a menudo infantiles o imposibles; sus enseñanzas tenían poco que ver con la moral. La religión romana era, de hecho, de naturaleza transaccional: los hombres hacían ciertos sacrificios y ritos, y los dioses les concedían su favor, sin tener en cuenta el bien y el mal. En este caso, todas las almas devotas fueron arrojadas de nuevo a la filosofía, como lo habían sido, aunque en menor medida, en Grecia. Al principio del imperio, había dos escuelas rivales que prácticamente se dividían el campo entre ellas, el estoicismo y el epicureísmo. El ideal planteado por cada una de ellas era nominalmente muy similar. Los estoicos aspiraban a la apatheia, la represión de toda emoción, y los epicúreos a la ataraxia, la liberación de toda perturbación; sin embargo, al final uno se convirtió en sinónimo de obstinada resignación, el otro de desenfrenada licencia. Ahora no tenemos nada que ver con el epicureísmo, pero merece la pena esbozar la historia y las enseñanzas de la secta estoica.

Zenón, el fundador del estoicismo, nació en Chipre en una fecha desconocida, pero puede decirse a grandes rasgos que su vida transcurrió entre los años 350 y 250 a. C.. Chipre fue desde tiempos inmemoriales un punto de encuentro entre Oriente y Occidente, y aunque no podemos dar importancia a un posible linaje fenicio en él (pues los fenicios no eran filósofos), es muy probable que a través de Asia Menor entrara en contacto con Extremo Oriente. Estudió con los cínicos Crates, pero no descuidó otros sistemas filosóficos. Tras muchos años de estudio, abrió su propia escuela en una columnata de Atenas llamada el Pórtico Pintado, o Stoa, de la que los estoicos tomaron su nombre. Después de Zenón, la Escuela del Pórtico debe más a Crisipo (280-207 a. C.), que organizó el estoicismo en un sistema. De él se dijo: "Si no hubiera sido por Crisipo, no habría existido el Pórtico".

Los estoicos consideraban que la especulación era un medio para alcanzar un fin y ese fin era, como dijo Zenón, vivir coherentemente (homologoumenós zen), o como se explicó más tarde, vivir conforme a la naturaleza (homologoumenós te phýsei zen). Esta conformidad de la vida con la naturaleza era la idea estoica de la virtud. Este dicho podría entenderse fácilmente como que la virtud consiste en ceder a todo impulso natural, pero esto estaba muy lejos del significado estoico. Para vivir de acuerdo con la naturaleza, es necesario saber qué es la naturaleza; y con este fin se hace una triple división de la filosofía: en Física, que trata del universo y sus leyes, los problemas del gobierno divino y la teleología; Lógica, que entrena la mente para discernir lo verdadero de lo falso, y Ética, que aplica el conocimiento así obtenido y probado a la vida práctica.

5. El sistema estoico: Materialismo, Panteísmo y Virtud

El sistema estoico de la física era el materialismo con una infusión de panteísmo. En contradicción con el punto de vista de Platón de que sólo las Ideas, o Prototipos, de los fenómenos existen realmente, los estoicos argumentaban que sólo los objetos materiales existían; pero inmanente en el universo material había una fuerza espiritual que actuaba a través de ellos, manifestándose en muchas formas, como el fuego, el éter, el espíritu, el alma, la razón, el principio rector.

El universo, pues, es Dios, del que los dioses populares son manifestaciones, mientras que las leyendas y los mitos son alegorías. El alma del hombre es, pues, una emanación de la divinidad, en la que acabará reabsorbiéndose. El principio rector divino hace que todas las cosas cooperen para el bien, pero para el bien del conjunto. El mayor bien del hombre es trabajar conscientemente con Dios por el bien común, y éste es el sentido en el que el estoico intentaba vivir de acuerdo con la naturaleza. En el individuo, sólo la virtud le permite hacer esto; así como la Providencia gobierna el universo, la virtud en el alma debe gobernar al hombre.

En Lógica, el sistema estoico destaca por su teoría de la prueba de la verdad, el Criterio. Comparaban el alma recién nacida con una hoja de papel lista para escribir. Sobre ella, los sentidos escriben sus impresiones (phantasiai), y a través de la experiencia de varias de ellas, el alma concibe inconscientemente nociones generales (koinai ennoiai) o anticipaciones (prolêpseis). Cuando la impresión era tan irresistible, se llamaba (katalêptikê phantasia) lo que se aferra, o como se explicaba, procedente de la verdad. Las ideas e inferencias producidas artificialmente por deducción o similares eran comprobadas por esta "percepción retentiva". Ya he mencionado la aplicación ética. El mayor bien era la vida virtuosa. La virtud en sí misma es la felicidad y el vicio es la infelicidad. Llevando esta teoría al extremo, los estoicos decían que no podía haber gradaciones entre virtud y vicio, aunque cada uno tuviera sus manifestaciones especiales. Además, nada es bueno salvo la virtud, y nada es malo salvo el vicio. Las cosas externas que comúnmente se llaman buenas o malas, como la salud y la enfermedad, la riqueza y la pobreza, el placer y el dolor, le son indiferentes (adiaphora). Todas estas cosas no son más que la esfera en la que puede actuar la virtud. El sabio ideal es autosuficiente en todas las cosas (autarkês); y conociendo estas verdades, será feliz incluso cuando esté tendido en la rueda del suplicio. Es probable que ningún estoico se atribuyera la condición de sabio, sino que cada uno de ellos se esforzara por alcanzarla como ideal, del mismo modo que un cristiano se esfuerza por ser semejante a Cristo. La exageración de esta afirmación era, sin embargo, tan obvia que los estoicos posteriores fueron llevados a hacer una subdivisión adicional de las cosas indiferentes en preferibles (proêgmena) e indeseables (apoproêgmena). También argumentaron que, para aquellos que no habían alcanzado la sabiduría perfecta, ciertas acciones eran adecuadas (katêkonta). Éstas no eran ni virtuosas ni viciosas, sino que, como las cosas indiferentes, ocupaban un lugar intermedio.

Dos puntos del sistema estoico merecen mención especial. Uno es una cuidadosa distinción entre las cosas que están en nuestro poder y las que no lo están. El deseo y la aversión, la opinión y el afecto están en poder de la voluntad; mientras que la salud, la riqueza, el honor y otras cosas generalmente no lo están. El estoico debe controlar sus deseos y afectos y guiar su opinión; poner todo su ser bajo el dominio de la voluntad o principio rector, del mismo modo que el universo es guiado y gobernado por la divina Providencia. Esta es una aplicación especial de la virtud griega favorita de la moderación (sophrosýnê), y también tiene su paralelo en la ética cristiana. El segundo punto es una fuerte insistencia en la unidad del universo y el deber del hombre como parte de un gran todo. El espíritu público era la virtud política más espléndida del mundo antiguo, y aquí se hace cosmopolita. Una vez más, es instructivo observar que los sabios cristianos insistían en lo mismo. A los cristianos se les enseña que son miembros de una hermandad mundial, donde no hay griego ni judío, esclavo ni libre, y que viven sus vidas como colaboradores de Dios.

Tal es el sistema que sustenta las Meditaciones de Marco Aurelio. Es necesario un cierto conocimiento de esto para una correcta comprensión del libro, pero para nosotros el interés principal reside en otra parte. No vamos a Marco Aurelio en busca de un tratado de estoicismo. No es el director de una escuela para establecer un cuerpo de doctrina para los estudiantes; ni siquiera contempla la posibilidad de que otros lean lo que él escribe. Su filosofía no es una ávida investigación intelectual, sino más bien lo que deberíamos llamar un sentimiento religioso. La inflexible rigidez de Zenón o Crisipo se suaviza y transforma al pasar por una naturaleza reverente y tolerante, amable y sin engaños; la sombría resignación que hizo posible la vida del sabio estoico se convierte en él casi en un estado de ánimo aspiracional. Su libro registra los pensamientos más íntimos de su corazón, escritos para aliviarle, con tales máximas y reflexiones morales que podrían ayudarle a soportar la carga del deber y las innumerables molestias de una vida ajetreada.

6. Comparación de "Las Meditaciones" y "La Imitación de Cristo": Similitudes y diferencias

Resulta instructivo comparar las Meditaciones con otro libro famoso, La imitación de Cristo. En ambos existe el mismo ideal de autodominio. Debe ser tarea del hombre, dice La Imitación, "vencerse a sí mismo, y ser cada día más fuerte que sí mismo". "En la resistencia a las pasiones reside la mayor paz del corazón". "Pongamos el hacha en la raíz, para que, purificados de nuestras pasiones, tengamos la mente en paz". Para ello, debe haber un continuo autoexamen. "Si no puedes ir a la cama todo el tiempo, al menos hazlo de vez en cuando, por la mañana y por la noche. Por la mañana propón, por la noche discute cómo has pasado el día en palabra, obra y pensamiento". Pero mientras el temperamento del romano es de modesta confianza en sí mismo, el cristiano aspira a un talante más pasivo, a la humildad y mansedumbre, y a la confianza en la presencia y amistad personal de Dios. El romano examina sus faltas con severidad, pero sin utilizar el autodesprecio que hace al cristiano "vil a sus propios ojos". Al cristiano, como al romano, se le dice que "se esfuerce por apartar el corazón del amor a las cosas visibles"; pero no es tanto la vida ocupada en el deber lo que tiene en mente, sino el desprecio de todas las cosas mundanas y el "alejamiento de todos los placeres inferiores". Ambos evalúan la alabanza y la censura de los hombres por lo que realmente valen; "No esté vuestra paz", dice el cristiano, "en boca de los hombres". Pero es a la censura de Dios a la que apela el cristiano, el romano a su propia alma. Las pequeñas molestias de la injusticia o del mal son afrontadas por ambos con la misma magnanimidad. "¿Por qué te entristece una pequeña palabra o acción contra ti? No es nueva; no es la primera, ni será la última, si vives mucho tiempo. A lo sumo, sufre con paciencia, si no puedes sufrir con alegría". Un cristiano debería sopesar más la malicia ajena que nuestras propias ofensas; pero el romano tiende a lavarse las manos ante el ofensor. "Esfuérzate por ser paciente en el sufrimiento y por soportar las faltas y dolencias de los demás", dice el cristiano; pero al romano jamás se le ocurriría añadir: "Si todos los hombres fueran perfectos, ¿qué tendríamos que sufrir de los demás por Dios?". La virtud del sufrimiento en sí misma es una idea que no encontramos en las Meditaciones. Ambos se dan cuenta igualmente de que el hombre forma parte de una gran comunidad. "Ningún hombre se basta a sí mismo", dice el cristiano; "debemos soportar juntos, ayudar juntos, consolar juntos". Pero mientras el cristiano veía la máxima importancia en el celo, en la emoción exaltada, en otras palabras, y en evitar la tibieza, el romano pensaba principalmente en el deber que debía cumplirse de la mejor manera posible, y menos en el sentimiento que debía acompañar a su cumplimiento. Para el santo, como para el emperador, el mundo es una cosa pobre en el mejor de los casos. "Es ciertamente una miseria vivir en la tierra", dice el cristiano; pocos y malos son los días de la vida de un hombre, que pasan de repente como una sombra.

Pero hay una gran diferencia entre los dos libros que estamos considerando. La Imitación está dirigida a otros, las Meditaciones son del escritor para sí mismo. No aprendemos nada de la Imitación sobre la propia vida del autor, excepto en la medida en que se puede suponer que practicó sus propias enseñanzas; las Meditaciones reflejan estado de ánimo tras estado de ánimo la mente de la persona que las escribió. En su intimidad y franqueza reside su gran encanto. Estas notas no son sermones; ni siquiera son confesiones. Siempre hay un aire de autoconciencia en las confesiones; en tales revelaciones siempre hay un peligro de unción o vulgaridad, incluso para los mejores hombres. San Agustín no siempre está libre de ofensas, y el mismo John Bunyan exagera los pecados veniales hasta convertirlos en atroces. Pero Marco Aurelio no es vulgar ni untuoso; no atenúa nada, pero no registra nada con malicia. Nunca posa ante el público; puede que no sea profundo, pero siempre es sincero. Y es un alma elevada y serena la que se nos revela aquí. Los vicios ordinarios parecen no tener tentación para él; no se trata de alguien atado y encadenado, que lucha por liberarse. Los defectos que detecta en sí mismo son a menudo tales que la mayoría de los hombres ni siquiera tendrían ojos para verlos. Para servir al espíritu divino que se ha implantado en él, el hombre debe "mantenerse puro de toda pasión violenta y de todo afecto maligno, de toda temeridad y vanidad, y de toda clase de descontento, ya sea respecto a los dioses o a los hombres": o, como se dice en otro lugar, "impoluto ante el placer, impávido ante el dolor". La cortesía y la consideración inquebrantables son sus metas. "Todo lo que haga o diga un hombre, que sea bueno"; "¿Ofende a alguien? Es a ti mismo a quien ofendes: ¿por qué debería molestarte?". El ofensor necesita compasión, no ira; los que necesitan ser corregidos deben ser tratados con tacto y delicadeza, y alguien debe estar siempre dispuesto a aprender mejor. "La mejor venganza es no llegar a ser como ellos". Hay tantas sugerencias de ofensas perdonadas que podemos creer que las notas seguían los hechos. Tal vez te hayas quedado corto, así que intenta recordar tus principios y fortalécete para el futuro. La historia de Avidio Casio, que intentó usurpar el trono imperial, deja claro que estas máximas no son meras palabras. Así, el emperador cumple fielmente su propio principio, según el cual el mal debe ser vencido con el bien. Para cada falta de los demás, la Naturaleza (dice) nos ha dado una virtud opuesta; "como, por ejemplo, contra los ingratos, ha dado la bondad y la dulzura como antídoto".

7. Marco Aurelio: La búsqueda de sentido y fe de un filósofo

Alguien tan amable con un enemigo sería sin duda un buen amigo; y, de hecho, sus páginas están llenas de generosa gratitud hacia quienes le sirvieron. En su Primer Libro da cuenta de todas sus deudas con parientes y maestros. A su abuelo le debe su espíritu gentil, a su padre la modestia y el valor; de su madre aprendió a ser religioso, generoso y decidido. Rústico no trabajó en vano; mostró a su alumno que su vida necesitaba enmiendas. Apolonio le enseñó la sencillez, la sensatez, la gratitud y el amor a la verdadera libertad. Y así, la lista continúa; parece que todos los que trató le dieron algo bueno, prueba segura de la bondad de su naturaleza, que no pensaba en el mal.

Si el suyo era ese corazón honesto y verdadero que es el ideal cristiano, es tanto más notable que careciera de la fe que fortalece a los cristianos. Podía decir, es cierto: "O existe Dios, y entonces todo está bien; o si todas las cosas siguen al azar y a la fortuna, aún puedes usar tu propia prudencia en aquellas cosas que te conciernen propiamente, y entonces estás bien". O también: "Debemos admitir que existe una naturaleza que gobierna el universo". Pero su propio papel en el esquema de las cosas es tan pequeño que no espera ninguna felicidad personal más allá de la que un alma serena puede alcanzar en esta vida mortal. "Oh alma mía, espero que llegue el momento en que seas buena, sencilla, más abierta y visible que este cuerpo que te encierra"; pero esto lo dice de la tranquila aceptación de la condición humana que espera alcanzar, no de un momento en que se rompan los grilletes del cuerpo. En cuanto al resto, el mundo y su fama y riqueza, "todo es vanidad". Los dioses pueden tener un cuidado particular por él, pero su cuidado especial es por el universo en general: eso debería ser suficiente. Sus dioses son mejores que los dioses estoicos, que permanecen ajenos a todo lo humano, imperturbables e indiferentes, pero su esperanza personal apenas es más fuerte. Dice poco sobre este punto, aunque hay muchas alusiones a la muerte como fin natural; sin duda esperaba que su alma fuera un día absorbida por el alma universal, ya que nada viene de la nada, y nada puede ser aniquilado. Su estado de ánimo es de un cansancio agotador; cumple con su deber como un buen soldado, esperando el toque de trompeta que hará sonar la retirada; no tiene esa alegre confianza que llevó a Sócrates a través de una vida no menos noble hasta una muerte que le llevaría a la compañía de los dioses que había adorado y de los hombres que había venerado.

Pero, aunque Marco Aurelio haya sostenido intelectualmente que su alma estaba destinada a ser absorbida y a perder la conciencia de sí misma, hubo momentos en que sintió, como deben sentir a veces todos los que piensan así, cuán insatisfactoria es tal creencia. Entonces, busca a tientas y a ciegas algo menos vacío y vano. "Te has embarcado", dice, "has navegado, has llegado a tierra, vete, si es para otra vida, allí también encontrarás dioses, que están en todas partes". Hay algo más que adoptar una teoría rival en aras del argumento. Si las cosas del mundo "no son más que un sueño, no está lejos la idea de que puede haber un despertar a lo que es real". Al hablar de la muerte como un cambio necesario y señalar que nada útil o fructífero puede surgir sin un cambio, ¿estaba pensando en el cambio de un grano de trigo, que no germina, sino que muere? El maravilloso poder de la naturaleza para recrear a partir de la corrupción no se limita ciertamente a las cosas corporales. Muchos de sus pensamientos suenan como ecos lejanos de San Pablo; y es extraño, de hecho, que este emperador tan cristiano no tuviera nada bueno que decir de los cristianos. Para él, no son más que sectarios "violenta y apasionadamente enfrentados".

8. La paradójica vida de Marco Aurelio

Estas Meditaciones no son, ciertamente, profundamente filosóficas; pero Marco Aurelio era demasiado sincero para no ver la esencia de las cosas que caían bajo su experiencia. Las religiones antiguas se ocupaban sobre todo de cosas externas. Realiza los ritos necesarios y propiciarás a los dioses; y estos ritos eran a menudo triviales, a veces violando el sentido común o incluso la moralidad. Incluso cuando los dioses estaban del lado de la rectitud, les importaba más el acto que la intención. Pero Marco Aurelio sabe que lo que el corazón está lleno, el hombre lo hará. "Tales son tus pensamientos y cavilaciones habituales", dice, "tal será tu mente con el tiempo". Y cada página del libro nos muestra que él sabía que el pensamiento seguramente resultaría en acción. Entrena su alma en los principios correctos, para que cuando llegue el momento, puedan guiarle. Esperar hasta la emergencia es demasiado tarde.

También ve la verdadera esencia de la felicidad. "Si la felicidad consistiera en el placer, ¿cómo tendrían una parte tan grande de placeres los ladrones notorios, los hombres impuros y abominables, los parricidas y los tiranos?". Él, que tenía todos los placeres del mundo a su alcance, podía escribir así: "Una parte y porción feliz es tener buenas inclinaciones del alma, buenos deseos, buenas acciones".

Por ironías del destino, este hombre tan gentil y bueno, tan deseoso de alegrías tranquilas y de una mente libre de preocupaciones, fue puesto al mando del Imperio Romano cuando grandes peligros amenazaban desde oriente y occidente. Durante varios años él mismo comandó sus ejércitos. En el campamento ante los Quados, fechó el primer libro de sus Meditaciones y demostró cómo podía recogerse en sí mismo en medio del rudo fragor de las armas. La pompa y la gloria que despreciaba eran todas suyas; lo que para la mayoría de los hombres es una ambición o un sueño para él era una serie de tareas fastidiosas, que sólo un severo sentido del deber podía llevarle a cumplir. E hizo bien su trabajo. Sus guerras fueron lentas y tediosas, pero exitosas. Con la sabiduría de un estadista, previó el peligro que suponían para Roma las hordas bárbaras del norte y tomó medidas para hacerle frente. Así las cosas, su acuerdo dio al Imperio Romano dos siglos de respiro; si hubiera llevado a cabo el plan de llevar las fronteras imperiales hasta el Elba, que parece haber estado en su mente, se podría haber logrado mucho más. Pero la muerte truncó sus planes.

En verdad, Marco Aurelio tuvo la rara oportunidad de demostrar lo que la mente puede hacer a pesar de las circunstancias. El más pacífico de los guerreros, un magnífico monarca cuyo ideal era la tranquila felicidad en la vida doméstica, inclinado a la oscuridad a pesar de haber nacido para la grandeza, un cariñoso padre de hijos que murieron jóvenes o resultaron ser odiosos, su vida fue una paradoja. Para que nada le faltara, atravesó el campo del enemigo y se dirigió a su propio lugar.

LIBRO 1

— Vivir una vida de compasión y propósito

Tener compasión y propósito. Podemos aprender del padre de Marcus, que nos recordó la humanidad que compartimos todas las personas. Podemos crear relaciones significativas y trabajar por la justicia con amabilidad, influyendo positivamente en nuestro mundo. Es esencial encontrar el equilibrio, evitando los problemas y apreciando la paz interior. Teniendo en cuenta estos principios, podemos construir una vida significativa y plena que nos beneficie a nosotros y a los demás.

1. El legado fortalecedor del abuelo Verus: De la buena moral al control emocional

Mi abuelo Verus me inculcó una buena moral y me enseñó a controlar mis emociones.

2. El poder de la modestia y la masculinidad en la construcción de una reputación: Lecciones de mi padre

Basándome en la reputación y la memoria de mi padre, es importante poseer tanto modestia como un carácter fuerte y masculino.

3. Lecciones de mi madre: El poder de la piedad, la generosidad y un estilo de vida sencillo

Mi madre me inculcó un fuerte sentido de la piedad y la generosidad, así como el compromiso de abstenerme no sólo de las malas acciones, sino también de los pensamientos negativos. Además, me enseñó a llevar un estilo de vida sencillo, muy distinto del de los ricos.

4. Lecciones del hogar: cómo la inversión en educación de mi bisabuelo dio sus frutos

Mi bisabuelo no fue a la escuela pública, pero tuvo excelentes profesores a domicilio. Creía que había que gastar generosamente en esas cosas.

5. Sabias lecciones del gobernador sobre política, ética y conducta en los juegos antiguos

Mi gobernador me enseñó a no alinearme ni con el partido verde ni con el azul en los juegos del Circo, ni a ser partidario de las facciones Parmularius o Scutarius durante las luchas de gladiadores. También me inculcó los valores del trabajo duro, la frugalidad, la autosuficiencia, ocuparme de mis propios asuntos y negarme a participar en cotilleos.

6. Abrazar la filosofía y la sencillez espartana: Aprendiendo de Diogneto

De Diogneto aprendí a no perder el tiempo en asuntos triviales, a desestimar las afirmaciones de charlatanes y prestidigitadores que afirman poseer el poder de exorcizar demonios y realizar otras proezas sobrenaturales. Me abstuve de criar codornices para la lucha o de dedicarme a asuntos tan frívolos. En lugar de ello, me dediqué a la libertad de expresión y me adentré en la filosofía, convirtiéndome primero en alumno de Bacchius, luego de Tandasis y finalmente de Marcianus. En mi juventud, escribí varios diálogos y aspiré a vivir una vida de simplicidad espartana, eligiendo dormir en una cama de tablas de madera y usar sólo lo necesario manteniendo las costumbres de la antigua Grecia.

7. Lecciones de disciplina: La influencia de Rusticus en el crecimiento de mi carácter

Rusticus me hizo darme cuenta de que mi carácter necesita mejora y disciplina. Me enseñó a evitar la emulación sofística, escribir sobre asuntos especulativos y pronunciar insignificantes discursos exhortatorios. Me aconsejó que no alardeara de mi disciplina ni de mis actos benévolos para exhibirme, y que me mantuviera alejado de la retórica, la poesía y la escritura rebuscada. También me desaconsejó pasear por casa con ropa de calle o realizar actividades similares.

Además, Rusticus me enseñó a escribir cartas con sencillez, como la que escribió a mi madre desde Sinuessa. También hizo hincapié en la importancia de apaciguarme y reconciliarme fácilmente con quienes me han agraviado.

Además, Rusticus me inculcó el hábito de leer con atención y no conformarme con una comprensión superficial de un libro. Me advirtió que no me precipitara a dar la razón a los que hablan demasiado.

Agradezco a Rusticus que me diera a conocer los discursos de Epicteto, que compartió conmigo a partir de su colección personal.

8. La sabiduría de Apolonio: Lecciones sobre el libre albedrío y la determinación inquebrantable

Aprendí de Apolonio el libre albedrío y la determinación inquebrantable. Me enseñó a centrarme únicamente en la razón y a mantenerme firme ante dolores agudos, la pérdida de un hijo y largas enfermedades. Demostró con su propio ejemplo que se puede ser a la vez resuelto y dócil, y nunca mezquino a la hora de impartir sabiduría. Observé que Apolonio consideraba que su experiencia y habilidad para explicar principios filosóficos era su mayor logro. Me enseñó a aceptar los favores de los amigos sin sentirme humillado ni despreciarlos.

9. La naturaleza benévola y compuesta de Sexto: Llevar una vida en armonía con la naturaleza

Sextus es recordado por su naturaleza benevolente y su ejemplo de dirigir una familia con orientación paternal. Creía en vivir en armonía con la naturaleza y se comportaba con natural gravedad, sin ningún atisbo de afectación. Se preocupaba por el bienestar de sus amigos y tenía la paciencia suficiente para tolerar las opiniones imprudentes y precipitadas de los demás. Sextus tenía la capacidad única de adaptarse a cualquier situación, por lo que era un placer relacionarse con él, mucho más que cualquier adulación. Los que le conocían también le tenían en gran estima. Tenía un enfoque inteligente y metódico de la vida, y utilizaba su perspicacia para descubrir y organizar los principios necesarios para una existencia plena. Sextus siempre mantuvo la compostura y la sensatez, sin ceder nunca a la ira ni a otras pasiones. Era conocido por su naturaleza afectuosa y podía expresar su aprobación sin alardes ni alardes. Además, era un gran conocedor sin necesidad de alardear ni parecer ostentoso.

10. Alex el gramático: Dominar la corrección con tacto para una comunicación eficaz

Alejandro, el gramático, aconseja no buscar culpables y desaconseja reprochar a quienes emplean expresiones extrañas o incorrectas. En su lugar, sugiere introducir hábilmente la expresión correcta en forma de confirmación, indagación o sugerencia sobre el tema, no sobre la palabra en sí.

11. Las lecciones de Fronto: Desvelando la tiranía, la envidia, la duplicidad, la hipocresía y la negligencia paterna en la élite patricia

Aprendí de Fronto a observar las manifestaciones de envidia, duplicidad e hipocresía en una persona tiránica. Además, descubrí que los individuos a los que se suele denominar patricios suelen carecer de afecto paternal.

12. La ética impecable de Alejandro el Platónico: Equilibrio entre la responsabilidad y el tiempo

Alejandro el Platónico rara vez encuentra necesario afirmar de palabra o por escrito que carece de tiempo libre. También evita utilizar los asuntos urgentes como excusa para desatender sus responsabilidades para con los que le rodean.

13. Lecciones de amistad, respeto y paternidad de Catulo, Domicio y Atenódoto

Catulus me enseñó a no ser indiferente cuando un amigo encuentra una falta, aunque lo haga sin razón. Por el contrario, debo tratar de devolverles su disposición habitual. Además, es importante hablar bien de los maestros, como hacían Domicio y Atenódoto. Y lo que es más importante, debo amar a mis hijos con todo mi corazón.

14. Lecciones de principios y política: El impacto de mi hermano Severo en mis ideales

Mi hermano Severo me enseñó a amar a mi familia, la verdad y la justicia. Me presentó a Thrasea, Helvidius, Cato, Dion y Brutus, y a través de él desarrollé el concepto de una sociedad donde la ley se aplica a todos por igual, donde todos tienen los mismos derechos, libertad de expresión y una monarquía que valora la libertad de sus súbditos. Me inculcó un sentido de la coherencia y un compromiso inquebrantable con la filosofía, la voluntad de hacer el bien y ayudar a los demás, y una visión positiva de la vida. Aprendí de él la importancia de ser transparente en tus creencias, y nunca ocultó sus opiniones sobre las personas que desaprobaba, ni se guardó para sí sus deseos o pensamientos. Era evidente lo que quería, y sus amigos nunca tuvieron que adivinarlo.

15. Máximo: El arte del autogobierno y la rectitud inquebrantable

De Maximus aprendí el arte del autogobierno y a no dejarme influir por factores externos. También me enseñó la importancia de mantener una disposición alegre, incluso ante la adversidad y la enfermedad. Su carácter moral era un delicado equilibrio de dulzura y dignidad, y no daba muestras de quejarse ante ninguna tarea.

Lo que más admiraba de Maximus era que siempre decía lo que pensaba con honestidad y sinceridad. Nunca tenía intenciones maliciosas y sus acciones reflejaban sus intenciones puras. Nunca parecía sorprendido ni apresurado, y nunca posponía lo que había que hacer. Maximus siempre se mostraba sereno en cualquier circunstancia, y no trataba de ocultar su enfado mediante la risa. A pesar de ello, nunca se mostró excesivamente apasionado o suspicaz.

Máximo mantuvo una vida de verdadera benevolencia y perdón, y siempre fue veraz. Encarnaba la imagen de un hombre que siempre sabía lo que era correcto; no necesitaba ser mejorado. Su conducta proyectaba una sensación de rectitud inquebrantable que le granjeó el máximo respeto de todos los que le rodeaban.

Además de sus impresionantes cualidades, Maximus era desenfadado y tenía el don del humor que hacía que todos a su alrededor se sintieran cómodos.

16. El humilde y virtuoso: retrato de mi padre

Observé el temperamento apacible de mi padre, su determinación inalterable tras una reflexión concienzuda y su genuina humildad ante los honores. Poseía una fuerte ética de trabajo y perseverancia, y estaba dispuesto a escuchar propuestas para el bien público. Trataba a cada cual como se merecía y había adquirido conocimientos a través de experiencias que le enseñaron cuándo actuar con vigor o ejercer la moderación. Había superado toda tentación hacia los chicos, y no se consideraba más especial que cualquier otro ciudadano. Nunca exigía a sus amigos que cenaran con él o le acompañaran, y se mantenía coherente en su trato con los que no podían hacerlo. Investigaba cuidadosamente todas las deliberaciones mediante la persistencia y se negaba a conformarse con las apariencias superficiales. Poseía una disposición leal hacia sus amigos sin encariñarse demasiado con ellos, al tiempo que se mantenía alegre y siempre estaba preparado para situaciones futuras, por mínimas que fueran. También era vigilante a la hora de hacer caso omiso de los aplausos o halagos populares, al tiempo que administraba el imperio y los gastos, y aceptaba pacientemente las críticas por hacerlo. Nunca fue supersticioso con los dioses ni buscó la aprobación mediante halagos o regalos. Por el contrario, vivió con modestia y humildad, alejándose de cualquier extremo. Disfrutaba de las comodidades que le otorgaba la fortuna, sin arrogancia, demostrando falta de afectación, y nunca las añoró cuando le faltaron. No era un pedante, ni un sofista, ni un esclavo frívolo casero, sino más bien un hombre consumado con excelentes dotes de gestión. Honraba a los verdaderos filósofos, pero no criticaba a los que no eran auténticos. Entablaba conversaciones agradables sin falsas pretensiones, al tiempo que cuidaba de su salud física sin ser vanidoso con su aspecto. No necesitaba médicos con frecuencia debido a su esfuerzo por llevar una vida sana, y apreciaba y animaba a las personas con talentos únicos, como la elocuencia o los conocimientos jurídicos. Siempre actuó de acuerdo con las instituciones de su país, sin alardes públicos de prepotencia. Prefería la estabilidad y la coherencia, raramente cambiaba sus hábitos y se mantenía centrado en sus actividades preferidas. Tras sufrir dolores de cabeza, volvía instantáneamente a su rutina típica con renovado vigor. Sus secretos eran escasos, pero sólo se referían a asuntos públicos. Demostró habilidades de gestión eficaces, como el uso prudente y económico de los recursos en las obras públicas y la construcción, así como en los espectáculos públicos. No buscaba beneficios personales en relación con su reputación, sino que actuaba de acuerdo con su brújula moral. Se bañaba a horas apropiadas, no buscaba construir casas extravagantes y no se fijaba en los colores o la textura de la ropa. Se vestía principalmente con ropa de Lorium o Lanuvium. Es bien sabido cómo trató al cobrador de peaje de Tusculum que suplicó perdón, y se comportaba de forma similar en todos los casos. No era duro ni implacable, ni se excedía en su comportamiento. Por el contrario, lo examinaba todo con lógica, detenimiento y coherencia, como si el tiempo le sobrara. Podía abstenerse o disfrutar de ciertas cosas que otros no podían sin llegar a ser excesivo. Su capacidad para mantenerse fuerte en ambos aspectos demostraba la invencibilidad de su alma, como quedó patente en el trato que dispensó a Maximus durante su enfermedad.

17. Contar mis bendiciones: Una perspectiva agradecida de la vida

Agradezco a los dioses las muchas bendiciones de mi vida. Mi familia, mis maestros, mis amigos y mis socios se han portado bien conmigo. También estoy agradecido por no haber caído nunca en la tentación de ofender a los dioses, aunque poseo una naturaleza que podría haberme llevado por ese camino.

Debo a los dioses no haberme criado con la concubina de mi abuelo y no haber mantenido relaciones sexuales antes de tiempo.

Agradezco la orientación de mi padre, que me enseñó que se puede vivir lujosamente sin necesidad de guardias, ropa cara ni ostentación.

También agradezco la influencia de mi hermano, que me ayudó a ser más consciente de mí misma y a estar más alerta. Además, agradezco que mis hijos no se hayan enfrentado a ningún reto físico o intelectual.

Aunque no destaqué en ciertas áreas de estudio, agradezco haber tenido la oportunidad de aprender de grandes maestros como Apolonio, Rústico y Máximo. A través de sus enseñanzas, adquirí una profunda comprensión de lo que significa vivir de acuerdo con la naturaleza.

Mi cuerpo ha resistido bien el paso de los años, a pesar de los retos a los que me he enfrentado. Estoy agradecido por no haber tenido nunca sentimientos amorosos hacia Benedicta o Theodotus, y por haber podido superarlos.

Estoy agradecido por la presencia de mi madre durante sus últimos años, y por la capacidad de ayudar a los demás cuando lo necesitan. También estoy agradecido por mi obediente y cariñosa esposa, así como por los excelentes profesores que han guiado a mis hijos.

Por último, agradezco no haber malgastado mi tiempo en búsquedas frívolas como la sofistería, la historia o el estudio de la astrología. En cambio, me he centrado en vivir una vida plena y honesta, gracias a los dioses.

LIBRO 2

— Descubre una existencia con sentido

A provecha al máximo cada momento y toma las riendas de tu vida. Es importante abstenerse de comportamientos inmorales y abrazar la vida, no temer a la muerte. Vivir el presente es crucial, y dedicar tiempo a comprender las creencias y presunciones de los demás puede ayudarte a alcanzar la comprensión y la serenidad. Adoptando estos principios, puedes encontrar un mayor sentido y satisfacción en tu vida diaria.

1. Abrazar la bondad y superar la fealdad: Cómo empezar el día con una mentalidad positiva

Empieza el día recordándote a ti mismo que puedes encontrarte con personas entrometidas, desagradecidas, pomposas, deshonestas y celosas. Estos individuos se comportan así debido a su falta de conocimiento sobre el bien y el mal. Sin embargo, he llegado a comprender que la bondad es bella y la fealdad repulsiva. Además, los que hacen el mal son como yo, no sólo por sangre o herencia, sino por inteligencia y providencia divina. Por lo tanto, no pueden hacerme daño, ni yo puedo despreciarlos u odiarlos. Nuestra naturaleza es cooperar unos con otros, armonizarnos como pies, manos, párpados y dientes. Actuar de forma contraria va en contra de la naturaleza, y molestarse o evitarse mutuamente es un indicador de ello.

1. Contemplar la mortalidad: Abrazar la conciencia y prescindir de la carne

No soy más que una mera combinación de carne y aliento, junto a mi conciencia gobernante. Ha llegado el momento de dejar a un lado los libros y otras distracciones. En su lugar, contempla tu mortalidad y desprecia la carne, pues es una mera composición de sangre, huesos y diversas redes formadas por nervios, venas y arterias. Tómate un momento para considerar tu respiración, que consiste en aire que se exhala e inhala constantemente. Por último, concéntrate en tu conciencia gobernante. Imagínate como un anciano, libre de los grilletes de las expectativas y los deseos de la sociedad. Abraza tu situación actual y no temas lo que pueda depararte el futuro.

2. El Plan Divino: Abrazar el destino y el equilibrio en un universo conectado

Todo lo que es de origen divino está impregnado de previsión. Lo que surge del azar no está aislado de la naturaleza y está intrincadamente ligado a los elementos dispuestos por el cálculo divino. Todo surge de esta interconexión, guiado por el destino y el bien mayor del cosmos, del que tú eres parte integrante. El bienestar de cada constituyente de la naturaleza está determinado por lo que requiere el conjunto y lo que facilita el mantenimiento de este equilibrio. El universo se sostiene por la interacción de los elementos y sus composiciones. Deja que estos principios sean suficientes y formen la base de tus creencias. No tengas una sed excesiva de conocimiento, no sea que dejes este mundo descontento. Afronta cada momento con gratitud, honestidad y alegría, abrazando la voluntad divina.

3. Aprovecha tu oportunidad divina antes de que se agote el tiempo

Recuerda cuánto tiempo has perdido retrasando estas tareas, y cuántas oportunidades te ha dado la divinidad, y, sin embargo, no has actuado en consecuencia. Es hora de que te des cuenta de tu lugar en este vasto universo, y reconozcas que tu existencia es una manifestación de su orden divino. Tu tiempo es limitado, y si no das los pasos necesarios para despejar tu mente, se perderá, y tú con ella, para no volver jamás.

4. La guía romana para una vida pacífica: Alcanzar la dignidad, el afecto y la libertad

En todo momento, piensa y actúa como un romano, con perfecta dignidad, afecto, libertad y justicia. Concéntrate únicamente en la tarea que tienes entre manos y libérate de cualquier otra distracción. Concédete tranquilidad viviendo cada momento de tu vida como si fuera el último, sin descuidos, aversiones apasionadas al razonamiento, hipocresía, amor propio o descontento con tu situación actual. Puedes ver qué pocas cosas se requieren para vivir una vida pacífica, como la de los dioses. Observando estos principios, los dioses no te pedirán nada más.

5. Salvaguardar el alma: la autoestima por encima de la aprobación externa

No te hagas daño, alma mía. Porque si haces mal, te privas de la oportunidad de honrarte. La vida de cada persona está completa, sin embargo, la tuya está cerca de su fin. Tu felicidad no proviene de tu interior, sino de la aprobación de los demás. Es hora de valorar y apreciar tu propia alma.

6. Encontrar el equilibrio: Evitar las distracciones y abrazar lo productivo

¿Las distracciones externas se apoderan de tu atención? Date tiempo para aprender algo nuevo y positivo, y libérate del ciclo de confusión. Sin embargo, ten cuidado de no ir demasiado lejos en la dirección opuesta; quienes se agotan con actividades sin sentido y carecen de una dirección clara para sus pensamientos también están malgastando sus vidas.

7. Los peligros de ignorar nuestros propios pensamientos: Un camino hacia la infelicidad

Es raro que una persona se sienta infeliz por no ser consciente de los pensamientos de otra. Sin embargo, no prestar atención a nuestros propios pensamientos y acciones mentales puede conducir a la infelicidad.

8. Desata tu verdadera naturaleza: Comprender la Armonía del Universo

Ten siempre presente la naturaleza del universo y tu propia naturaleza. Considera cómo se relacionan entre sí y qué papel desempeñas tú en el gran esquema de las cosas. Recuerda que nada puede impedirte actuar y hablar de acuerdo con tu verdadera naturaleza.

9. Deseo frente a ira: la visión filosófica de Teofrasto sobre la condena de los actos ilícitos

Teofrasto compara distintos tipos de ofensas y, como sabio filósofo, afirma que las ofensas cometidas por deseo son más reprobables que las provocadas por la ira. Cuando un individuo actúa con rabia, parece ignorar la lógica al tiempo que siente malestar y pierde el control de sí mismo. Sin embargo, la persona que comete un mal por deseo es más propensa al comportamiento excesivo y muestra un tipo de debilidad de carácter típicamente asociada a la feminidad. Por ello, sugiere acertadamente que las acciones realizadas con placer son más condenables que las realizadas con dolor. En resumen, las primeras reflejan a una persona que responde a una injuria y se ve obligada a actuar con ira, mientras que las segundas están causadas por una pasión autoinducida que la empuja a obrar mal.

10. Abrazar la incertidumbre: Vivir sin miedo a lo desconocido

Como es posible que abandones esta vida en cualquier momento, regula cada acción y pensamiento en consecuencia. Sin embargo, si hay dioses y abandonas la compañía de los hombres, no hay razón para temer, pues los dioses no te causarán daño. Si no existen o no se preocupan de los asuntos humanos, ¿qué importa que el universo carezca de dioses o de providencia? Sin embargo, en verdad, sí existen y se preocupan por las cosas humanas. Han dado a los humanos el poder de evitar los males reales. Si hay algo malo, han proporcionado los medios para evitarlo. Si algo no empeora a alguien, ¿cómo puede empeorar su vida? La naturaleza del universo no puede pasar por alto o cometer un gran error al permitir que el bien y el mal sucedan indistintamente a personas buenas y malas. La muerte, la vida, el honor, la deshonra, el dolor y el placer suceden tanto a las personas buenas como a las malas, pero no nos hacen mejores ni peores. Por lo tanto, no son ni buenos ni malos.

11. La fugacidad de la vida: Una contemplación sobre la muerte y lo divino en el universo

Qué rápido desaparece todo: en el vasto universo, los propios cuerpos, pero con el tiempo, incluso el recuerdo de ellos. Es tarea de nuestras facultades intelectuales observar la naturaleza de todas las cosas tangibles, especialmente las que nos tientan con el placer, nos aterrorizan con el dolor o son ensalzadas con una fama efímera. Debemos reconocer cuán inútiles, despreciables, sórdidas, perecederas y, en última instancia, muertas son.

Debemos escudriñar a aquellos cuyas opiniones y voces les confieren reputación e influencia. Además, debemos contemplar la verdadera naturaleza de la muerte; si la examinamos abstrayéndonos y descomponiendo todos los componentes que nuestra imaginación pueda atribuirle, descubriremos que no es más que un proceso natural. Quien la teme o la teme es como un niño que teme lo que no comprende.

Además, debemos reconocer que la muerte no es un mero proceso natural, sino que también forma parte del orden natural, sirviendo a un propósito concreto. Por último, también debemos señalar en qué medida los humanos somos afines a lo divino y a través de qué parte de nosotros, y cuándo esta parte está en sintonía con la divinidad.

12. Las trampas de un vecino entrometido: Cómo honrar tu conciencia y respetar a los demás

No hay nada más miserable que un hombre que va por ahí curioseando en todo, incluso hurgando en las cosas del subsuelo, como dice el poeta. Intenta adivinar lo que piensan sus vecinos sin darse cuenta de que basta con prestar atención a la propia conciencia y respetarla sinceramente. Honrar la conciencia significa mantenerla libre de emociones e imprudencias, y no sentirse insatisfecho con lo que viene de los dioses o de la gente. Debemos respetar lo que viene de los dioses porque es excelente, y debemos apreciar lo que viene de las personas porque compartimos nuestra humanidad. A veces, la ignorancia de la gente sobre lo que es bueno y malo puede incluso provocar nuestra compasión, un defecto tan malo como ser incapaz de distinguir el blanco del negro.

13. El momento fugaz: Por qué no podemos perder lo que nunca tuvimos

Si vivieras tres mil o diez mil veces más, recuerda esto: nadie pierde otra vida que la que vive actualmente, ni vive otra vida que la que pierde actualmente. La más larga y la más corta llegan al mismo final. Mientras que el momento presente es el mismo para todos, lo que perece no es idéntico. Por lo tanto, lo que parece perdido no es más que un momento fugaz. Una persona no puede perder lo que nunca tuvo, por lo que no puede perder el pasado ni el futuro. Hay que tener en cuenta dos cosas: Primero, que todo tiene una forma similar y cierra el círculo de la eternidad. Si uno vive cien, doscientos o infinitos años, no hay diferencia en el gran esquema de las cosas. En segundo lugar, la persona que vive más tiempo y la que morirá más pronto pierden lo mismo. El momento presente es lo único de lo que uno puede estar desprovisto si es cierto que es lo único que realmente se tiene, y quien no tiene algo no puede perderlo.

14. La subjetividad al descubierto: Extraer la verdad de las opiniones

Ten en cuenta que todo es subjetivo. Como demuestran las palabras del cínico Monimus, la utilidad de cualquier opinión reside en la capacidad de extraer de ella la verdad y aplicarla en consecuencia.

15. El autosabotaje del alma humana: cómo nos dañamos a nosotros mismos de cinco maneras

El alma humana es su peor enemigo. Se causa daño a sí misma de varias maneras. En primer lugar, convirtiéndose en una llaga o un tumor en el universo, por así decirlo, cuando se siente agraviada por los acontecimientos que se desarrollan. Es una forma de desconexión de la naturaleza, que engloba la naturaleza de todas las demás cosas.

En segundo lugar, se causa daño a sí mismo cuando se aleja de los demás o se acerca a ellos con intención hostil, como en el caso de quienes están consumidos por la ira. En tercer lugar, se hace daño a sí misma cuando cede al placer o al dolor. En cuarto lugar, se traiciona a sí mismo comportándose o hablando con falta de sinceridad o engaño. En quinto lugar, se perjudica a sí mismo actuando o moviéndose sin intención, realizando tareas sin premeditación, ya que incluso las acciones más pequeñas deberían tener un propósito. Al fin y al cabo, el propósito del ser racional es obedecer a la razón y a la ley de la ciudad y la política más antiguas.

16. El camino hacia la paz interior: Cómo la filosofía nos enseña a abrazar el cambio constante de la vida

La vida humana no es más que un momento, una sustancia siempre cambiante, con una percepción embotada y un cuerpo sujeto a la decadencia. El alma es un torbellino, y la fortuna difícil de predecir. La fama, una cualidad carente de juicio. En resumen, todo lo que pertenece al cuerpo es una corriente, mientras que todo lo que pertenece al alma no es más que un sueño y un vapor; la vida es una lucha y una tierra extranjera, y después de la fama viene el olvido. ¿Qué guía entonces al hombre? Sólo hay una respuesta: la filosofía. Esto implica mantener la conciencia dentro de uno mismo libre de violencia y daño. Ser superior tanto al dolor como al placer, y tener un propósito para cada acción, sin fingimiento ni hipocresía. Una persona no debe depender de los demás para hacer nada, sino que debe aceptar todo lo que le sucede, ya que procede del mismo lugar que él. En conclusión, una persona debe esperar la muerte con una mente feliz porque es simplemente una representación de la disolución de los elementos presentes en todos los seres vivos. Si este cambio continuo en otra cosa no perjudica a los elementos, ¿por qué debería temer este cambio y la disolución de todos los elementos? Todo lo que ocurre según la naturaleza no es malo.

LIBRO 3

— Alcanza tu mejor vida

Adopte los valores que realmente importan. Controla tu tiempo y vive con un propósito, aprovechando al máximo cada oportunidad. Aprecia el mundo natural que te rodea y encuentra sentido a tus rutinas diarias. Cultiva la confianza en ti mismo y mantén la integridad, practicando siempre la honradez y evitando el engaño. Evitando los excesos y dando prioridad al ejercicio regular, puedes encontrar satisfacción en el propósito de la vida y convertirte en un administrador del medio ambiente más atento y consciente.

1. Aprovecha el día: La urgencia de la claridad mental ante la mortalidad

Debemos reconocer no sólo que nuestra vida va menguando lentamente y cada vez nos queda menos, sino también que, aunque vivamos más, no hay garantía de que nuestra capacidad de comprender y contemplar lo divino y lo humano permanezca intacta. A medida que envejecemos, podemos empezar a perder nuestras facultades mentales, incluidas la percepción, la nutrición, la imaginación y el apetito. Éstas pueden persistir, pero el poder de cumplir con nuestros deberes, separar la verdad del engaño y evaluar si ha llegado el momento de partir de la vida requiere una mente disciplinada, que podemos perder. Por lo tanto, debemos actuar con urgencia, ya que la capacidad de comprender y concebir las cosas es lo primero que se va, y no sólo porque nos estemos acercando al final de nuestras vidas.

2. La belleza natural más allá de la naturaleza: Encontrar placer en la imperfección

Es importante señalar que las cosas que vienen después de la naturaleza también pueden ser agradables y atractivas. Por ejemplo, el pan. Cuando se hornea, algunas partes se abren y tienen una belleza única. Aunque no sean lo que el panadero pretendía, nos dan ganas de comer más. Cuando los higos están completamente maduros, se abren, pero esto aumenta su atractivo. Del mismo modo, las aceitunas casi podridas tienen cierta belleza. La forma en que se doblan las mazorcas de maíz o la espuma de la boca de los jabalíes pueden no ser bellas individualmente, pero como son naturales, añaden belleza al conjunto. Para alguien que comprende y aprecia profundamente la naturaleza, todo lo que forma parte del universo puede dar placer. Puede encontrar atractivas las fauces abiertas de las bestias salvajes, así como ver el encanto en una persona mayor. Pueden apreciar el encanto de la juventud sin que resulte inapropiado. Estas cosas pueden agradar a algunos, pero sólo a quienes conocen íntimamente la naturaleza y lo que ella crea.

3. El fatídico destino de los grandes y sabios - Reflexión sobre la mortalidad y el más allá

Tras curar numerosas enfermedades, el propio Hipócrates enfermó y finalmente falleció. Los caldeos predijeron la muerte de muchas personas, pero el destino también les alcanzó. Alejandro, Pompeyo y Cayo César, a pesar de aniquilar ciudades enteras y abatir a miles de soldados de caballería e infantería en batalla, acabaron encontrando su propio destino. Heráclito pasó mucho tiempo especulando sobre la muerte ardiente del universo, sólo para morir lleno de agua y cubierto de barro. A Demócrito lo destruyeron unos piojos, y a Sócrates lo mataron otros piojos. ¿Qué significa todo esto? Has emprendido el viaje, has llegado a tu destino y es hora de partir. Si realmente hay otra vida, no hay por qué preocuparse, ya que los dioses existen incluso en la otra vida. Si, por el contrario, existe la nada, ya no estarás cautivo del dolor o del placer, ni permanecerás esclavizado al cuerpo físico que se corrompe y se desintegra. Porque el cuerpo es de la tierra y está sujeto a la decadencia, mientras que la mente y el espíritu son divinos y eternos.

4. Entrena tus pensamientos para defender causas nobles: Cómo superar las distracciones y abrazar el espíritu divino interior

No malgastes los días que te quedan reflexionando sobre los demás, si tus pensamientos no se alinean con algún bien común. No desaproveches la oportunidad de hacer algo más grande mientras te entretienes con distracciones como: "¿qué está haciendo, diciendo, pensando o planeando esta persona?". Este tipo de pensamientos nos alejan de nuestra propia autoconciencia y agencia. Debemos vigilar nuestros pensamientos y librarnos de todo lo que no tenga propósito, en particular de los entrometidos y maliciosos. Entrénate para contemplar sólo asuntos que puedas compartir abiertamente y sin reservas, de forma que demuestres sencillez, amabilidad y corrección social. Abstente de pensamientos de ocio y sensualidad, envidia, suspicacia o cualquier cosa que te causaría vergüenza si fuera expuesta. Quien no se distrae con tales pensamientos es como un siervo de los dioses y un sacerdote. También poseen un espíritu divino en su interior que les hace impermeables al placer y al dolor, indemnes a los insultos, no les afecta ninguna injusticia y son defensores de las causas más nobles. No se deja abrumar fácilmente por la pasión, valora la justicia y abraza plenamente lo que la vida le asigna sin demasiadas cavilaciones ni dudas. Se preocupa por todos, recordando que todas las almas racionales son parientes suyos y que la naturaleza humana exige que vele por el bienestar de las personas. Se aferra a las opiniones de quienes viven la vida tal y como la naturaleza la concibió, no a las de todos los que opinan. Del mismo modo, se acuerda de quienes llevan una vida vil e impura, tanto en casa como fuera de ella. No da ningún valor a los elogios de tales individuos, ya que nunca están satisfechos de sí mismos.

5. Dé rienda suelta al líder romano que lleva dentro: Consejos para una responsabilidad autosuficiente

No trabajes de mala gana o sin tener en cuenta el bien común, y asegúrate de reflexionar adecuadamente sobre tus acciones sin distraerte. No uses ornamentos excesivos en tus palabras, y no hables demasiado ni te involucres en demasiadas cosas. Además, deja que el Dios que hay en ti te guíe como un líder romano maduro, con mentalidad política y dispuesto a cumplir con su deber sin necesidad de juramentos ni del testimonio de otros. Afronta tus responsabilidades con alegría y evita depender de ayudas externas o buscar la tranquilidad que otros puedan proporcionarte. Mantente firme y erguido por ti mismo, en lugar de confiar en que otros te sostengan.

6. Abrazar la Deidad Interior: Una guía racional para encontrar la verdadera satisfacción en la vida

Si encuentras algo en la vida humana que supere la justicia, la verdad, la templanza, la fortaleza y, en resumen, cualquier cosa que supere la satisfacción de tu propia mente al hacer lo que es correcto y cumplir tu papel sin que tú lo elijas; si, de hecho, ves algo superior a esto, abrázalo de todo corazón y disfruta de lo que te parezca mejor. Sin embargo, si no hay nada mejor que la deidad plantada dentro de ti, que reina sobre todos tus deseos, evalúa todas tus percepciones con cuidado, se ha desprendido de las influencias de los sentidos, como dijo Sócrates, se ha sometido a los dioses, y se preocupa por la humanidad, y encuentras todo lo demás de menor valor que eso, entonces no hagas lugar para nada más, porque una vez, que te vuelvas hacia otra cosa, ya no serás capaz de prestar la debida atención a lo bueno que es legítimamente tuyo. Es inaceptable que cualquier otra cosa, como la alabanza de las masas, el poder o el disfrute del placer, rivalice con algo que es verdaderamente racional y bueno en un sentido práctico. Aunque las cosas parezcan coexistir en armonía, rápidamente se vuelven dominantes y nos llevan por mal camino. Por tanto, elige simplemente y con confianza lo que es mejor, pero asegúrate de que te es verdaderamente útil como ser racional, y aférrate a ello. Si sólo te es útil como animal, déjalo claro, mantén tu criterio sin arrogancia y asegúrate de que llegas a tu conclusión por un método fiable.

7. Vivir en armonía: Priorizar la Inteligencia y la Excelencia sobre el Incumplimiento de Promesas y Deseos

Nunca consideres provechoso para ti nada que te obligue a romper tus promesas, perder el respeto por ti mismo, odiar a los demás, ser desconfiado, maldecir, actuar como un hipócrita o desear cualquier cosa que requiera muros y cortinas. En lugar de eso, prioriza tu propia inteligencia y la búsqueda de la excelencia en el servicio a tu conciencia. Al hacerlo, no te enfrentarás a ninguna tragedia, gemido o necesidad de soledad o compañía excesiva. Sobre todo, vivirás armoniosamente sin perseguir ni huir de la muerte. Que tu alma permanezca encerrada en tu cuerpo durante mucho o poco tiempo, no es relevante, ya que te es indiferente. Aunque debas partir inmediatamente, lo harás con tanta compostura y orden como cualquier otra cosa. A lo largo de tu vida, procura que tus pensamientos no se aparten de los de un ser inteligente y un miembro activo de una comunidad civil.

8. Pureza e Integridad: La mente de una verdadera alma humilde

En la mente de alguien humilde y refinado, no encontrarás impurezas ni heridas que se hayan tapado. Incluso cuando el destino interviene y el espectáculo puede no continuar, su vida sigue siendo plena y completa, a diferencia de un actor que abandona a mitad de la representación. Además, no hay nada en ellos que sea servil o artificioso, ni están excesivamente apegados o desapegados a las cosas. No hay nada que criticar u ocultar.

9. El poder de respetar su facultad de formación de opinión

Respeta la facultad responsable de formar opiniones. De esta facultad depende que tu ser interior albergue ideas que contradicen el estado natural y la constitución de las criaturas racionales. Abrazar esta facultad garantiza una sabiduría que elimina los juicios impulsivos, un espíritu afín hacia los demás seres humanos y reverencia hacia la divinidad.

10. El arte de dejar ir: Vivir el presente y apreciar lo que realmente importa

Simplifique sus posesiones y conserve sólo unas pocas. Además, recuerda que cada persona sólo vive el momento presente: el pasado queda atrás y el futuro es desconocido. La vida es breve para todos y sólo habitamos una pequeña porción del mundo. Incluso el renombre póstumo más prolongado es efímero y sólo lo mantienen las generaciones posteriores, que a su vez son todas mortales y es improbable que recuerden a quienes fallecieron mucho antes de tiempo.

11. Desvelar la esencia: Dominar el arte del examen sistemático de objetos

Añade esta ayuda a las demás mencionadas: Elabore una definición o descripción clara del objeto que se le presenta. De este modo, podrás comprender la esencia del objeto, su desnudez, su totalidad, e identificar su nombre propio, los nombres de sus componentes y en qué acabarán descomponiéndose. Nada ayuda más a elevar la mente que examinar sistemática y verazmente cada objeto tal y como se presenta en la vida. Mira siempre las cosas a través de la lente de su lugar en el universo, su propósito, su valor y cómo se relaciona con la humanidad. Como ciudadanos de la ciudad más elevada, todas las demás ciudades son como familias. Determina qué es cada objeto, su composición, su vida útil y qué virtudes requiere de ti, como la gentileza, la hombría, la verdad, la fidelidad, la sencillez, la satisfacción y más. Por lo tanto, en cada ocasión, reconoce que algunas cosas proceden de un poder superior, del destino, de la casualidad o del azar, o de alguien de la misma estirpe, y recuerda cómo tratarlas según la ley del compañerismo, la benevolencia y la justicia. Mientras tanto, trata de determinar el valor de las cosas que son indiferentes.

12. Abrir la llave de la satisfacción: Dominar la diligencia, la concentración y la autenticidad pura

Si trabajas diligente y tranquilamente en tu tarea actual, siguiendo la razón y manteniéndote centrado sin permitir distracciones, y mantienes tu verdadero ser puro como si fuera a ser devuelto a su fuente inmediatamente, entonces vivirás una vida satisfecha y plena. Mantén esta mentalidad sin buscar nada, sin temer nada y enorgulleciéndote de decir la verdad con heroísmo. Nadie puede impedirte alcanzar la felicidad con esta actitud.

13. Precisión de principios: La conexión divina con las tareas humanas

Al igual que los médicos siempre tienen a mano sus herramientas y bisturís para casos de emergencia, tú también deberías tener a mano tus principios para comprender tanto los asuntos divinos como los humanos, y para ejecutar cualquier tarea, por pequeña que sea, con la conciencia de que estos dos reinos están íntimamente conectados. No puedes realizar nada relacionado con la humanidad sin referirte a lo divino, y viceversa.

14. Vive el presente y actúa: No te pierdas la historia de tu vida

No vagues más sin rumbo. No leerás tu propia historia ni las historias de los grandes romanos y griegos de la Antigüedad, ni siquiera los libros que guardabas para tu vejez. En lugar de eso, céntrate en el presente y actúa. Deja de aferrarte a aspiraciones poco realistas y empieza a cuidarte mientras tengas la oportunidad.

15. Desvelar los significados ocultos más allá de la percepción visual

No son conscientes de la multitud de significados que encierran los términos robar, sembrar, comprar, callar y percibir lo necesario. Esta comprensión no se basa únicamente en la percepción visual, sino que requiere otra forma de perspicacia.

16. El camino virtuoso: Aceptación, satisfacción y la chispa divina interior

El cuerpo siente, el alma desea y el intelecto razona. Los animales pueden percibir las formas de las cosas a través de las apariencias, y tanto las bestias salvajes como los hombres que han abandonado la razón pueden dejarse llevar por sus deseos. Incluso tiranos como Falaris y Nerón poseen esta propensión. Asimismo, la capacidad de discernir lo que también conviene pertenece a quienes niegan la existencia de los dioses y se dedican a comportamientos inmorales a puerta cerrada. Puesto que estos rasgos son comunes a todos, lo que sigue siendo exclusivo del individuo virtuoso es la disposición a aceptar lo que ocurra y a contentarse con el curso de los acontecimientos. Además, salvaguardan la chispa divina en su interior, absteniéndose de contaminarla con pensamientos impuros o imágenes que puedan perturbar su tranquilidad. En cambio, la siguen obedientemente como a un dios, diciendo sólo la verdad y comportándose con justicia. A una persona así no le perturba ninguna incredulidad en su modo de vida sencillo, humilde y satisfecho, y mantiene el rumbo que le llevará a su destino final. Este final debe encontrarlos puros, tranquilos, resignados y en paz con su destino, sin arrepentimientos y sin la compulsión de dejar este mundo.

LIBRO 4

— Aprovechar la fuerza interior

Para superar los retos de la vida, primero debemos cultivar unos cimientos internos fuertes. Esto significa aceptarnos a nosotros mismos y nuestras circunstancias, y encontrar la fuerza interior para afrontar la adversidad con razón y resiliencia. Si simplificamos nuestra vida y nos centramos en el presente, podremos perseguir nuestros objetivos con mayor eficacia y encontrar la satisfacción. También es crucial ser amables con los demás y perseguir nuestras pasiones con determinación e impulso. En última instancia, debemos recordar que nuestro tiempo en esta tierra es breve y que depende de nosotros aprovecharlo al máximo. Abrazando la inmensidad del universo y nuestro lugar en él, podemos encontrar motivación para perseguir nuestros sueños y vivir nuestra vida al máximo.

1. Aprovechar la llama interior: cómo el autogobierno adaptable puede superar cualquier obstáculo

La fuerza interior que nos gobierna, cuando está alineada con la naturaleza, es intrínsecamente adaptable a las circunstancias externas. No depende de ninguna fuente material específica, sino que avanza con firmeza hacia sus objetivos a medida que se enfrenta a determinadas condiciones. Esta fuerza incluso crea su propio material a partir de la oposición, del mismo modo que una llama fuerte puede apoderarse y consumir cualquier objeto que caiga en ella. Mientras que una llama pequeña podría ser sofocada por un objeto así, una llama más fuerte lo convierte rápidamente en combustible para ascender aún más alto.

2. Dominar el arte de la acción con propósito: Cómo lograr resultados impecables

Asegúrate de que cada acción tenga un propósito definido y se lleve a cabo de acuerdo con los principios intachables del arte.

3. Encuentra tu paz interior: Cómo retirarse y refrescar la mente en medio del caos y el descontento

Los hombres suelen buscar retiros como casas de campo, zonas costeras y montañas. Puede que usted también desee cosas así. Sin embargo, ésta es una característica de la gente más común. Tú tienes el poder de retirarte a tu interior cuando quieras. En ningún otro lugar encontrarás un lugar más tranquilo y libre de problemas para escapar que dentro de tu alma. Sobre todo, si posees pensamientos que te aporten tranquilidad inmediata cuando los meditas. Afirmo que la paz interior no es más que una mente debidamente organizada. Por lo tanto, concédete sistemáticamente este retiro y refréscate. Mantén tus principios concisos y fundamentales. Descubrirás que, al volver a estos principios, bastarán para purificar tu mente por completo y eliminar cualquier descontento que puedas tener con el mundo exterior. ¿Qué es lo que te disgusta? ¿Sufres por las faltas de los demás? Recuerda, los seres racionales existen los unos para los otros, soportar las faltas de los demás forma parte de la justicia, y el hombre hace el mal involuntariamente. Considera cuántos han muerto después de mostrar enemistad mutua, sospechas, odio y peleas y, por lo tanto, están en reposo. Pero ¿quizá estás descontento con lo que el universo te ha asignado? Recuerda esto: hay dos alternativas. O existe la providencia, o todo es una concurrencia fortuita de las cosas, o recuerda los argumentos que revelan que el mundo es una comunidad política. Quédate por fin satisfecho. ¿Todavía te atan las cosas físicas? Recuerda que el espíritu no se mezcla con el aliento, ya se mueva suave o violentamente. Recuerda todo lo que has aprendido sobre el dolor y el placer, y entonces descansarás. ¿Te persigue aún el deseo de fama? Recuerda con qué rapidez se olvida todo, el caos del tiempo infinito que existe a cada lado de nosotros, la vacuidad de los aplausos y la inconstancia y el mal juicio de los que pretenden alabarte. Recuerda cuán insignificante es el escenario de la vida, y qué clase de actores somos. Es un mero punto en el espacio, y todo lo que hay en él no es más que fruto de la opinión. Sobre todo, cuando te dirijas a estos pensamientos que son los más próximos y tienen en ellos el poder de excitarte al placer o al dolor, que esté presente este pensamiento: que no es posible que nada exterior tenga dominio alguno sobre ti.

4. El intelecto compartido: Cómo una ley universal une a la humanidad

Si nuestro intelecto es compartido, también lo es nuestra capacidad de razonar, que nos convierte en seres racionales. A su vez, la razón común que nos guía sobre qué hacer y qué no hacer es compartida. Esto conduce a la existencia de una ley universal y nos convierte en conciudadanos dentro de una comunidad política. De hecho, todos somos miembros de una comunidad mayor, lo que convierte al propio mundo en un tipo de Estado. ¿Qué otra comunidad puede pretender incluir a toda la humanidad?

De esta comunidad política compartida derivan nuestras capacidades intelectuales y de razonamiento, así como nuestra comprensión del Derecho. Al igual que mi cuerpo terrenal se compone de distintos elementos, también mi yo intelectual procede de una fuente concreta. Porque nada puede venir de la nada, y nada puede volver a la inexistencia.

5. Desentrañar el misterio natural de la muerte y la generación

La muerte, como la generación, es un misterio natural. Estamos compuestos de los mismos elementos y acabaremos descomponiéndonos en ellos. No hay motivo para avergonzarse, porque esto no es contrario a la naturaleza de un animal razonable ni a la razón de ser de nuestra Constitución.

6. La naturaleza del deber: por qué algunas tareas están intrínsecamente destinadas a determinadas personas

Es natural que estas tareas sean llevadas a cabo por individuos de tal naturaleza, y es crucial; si uno no está de acuerdo, bien podría negarse a que fluya el jugo de la higuera. Sin embargo, ten en cuenta que muy pronto, tanto tú como esa persona ya no estaréis vivos; y con el tiempo, ninguno de vuestros nombres será recordado.

7. El poder de la percepción: Cómo la eliminación de la perspectiva personal puede eliminar la capacidad de quejarse y borrar el daño

Si se elimina la perspectiva personal, desaparece la capacidad de quejarse de ser perjudicado. Elimina la inclinación a quejarte del daño, y el daño en sí ya no existe.

8. El poder del no daño: cómo lo que no nos hace daño sólo puede hacernos más fuertes

Lo que no empeora a una persona, no empeora su vida ni la perjudica externa o internamente.

9. De la obligación a la oportunidad: La transformación de la utilidad universal

El universalmente útil se ha visto obligado a hacerlo.

10. Descubrir la verdad: cómo observar todo como justo puede llevarte a ser mejor persona

Considera que todo lo que sucede es justo y, si observas con atención, comprobarás que es cierto. No me refiero sólo a la continuidad de los acontecimientos, sino también a lo que es justo y equilibrado, como si a cada cosa se le asignara su justo valor. Así pues, sigue observando como has empezado. Y hagas lo que hagas, hazlo en conjunción con el objetivo de ser bueno, en el sentido que implica ser una buena persona. Esfuérzate siempre por alcanzar este objetivo en cada acción que realices.

11. Romper el ciclo: Por qué adoptar los puntos de vista del adversario no sirve de nada

No adoptes los mismos puntos de vista sobre las cosas que la persona que te hace daño o quiere que creas, sino que considéralas objetivamente y como son en realidad.

12. Las dos reglas de oro para los hombres: Razonamiento y amplitud de miras para un bien mayor

Un hombre debe estar siempre preparado con dos reglas: En primer lugar, hacer sólo lo que la facultad de razonar y gobernar sugiere que es beneficioso para la humanidad. En segundo lugar, estar abierto a cambiar de opinión si alguien puede demostrarle que está equivocado y ofrecerle una alternativa mejor. Sin embargo, este cambio de perspectiva sólo debe producirse cuando exista una convicción poderosa, basada en la justicia, la ventaja comunitaria y factores similares, y no por mero placer personal o para ganar popularidad.

13. Desata el poder de la razón: ¿Por qué te frenas a ti mismo?

¿Tienes motivos? La tengo. Entonces, ¿por qué no la usas? Si la razón puede cumplir su propia tarea, ¿qué más deseas?

14. De la existencia a la esencia: La transmutación de nuestro ser

Has existido como una parte y con el tiempo desaparecerás en la fuente que te creó. Sin embargo, serás transformado y devuelto a su esencia original a través de la transmutación.

15. El sacrificio del incienso: Una historia de granos que caen sobre el altar

Sobre un altar se colocan numerosos granos de incienso. Uno cae antes que el otro, pero al final no importa.

16. 10 días hacia la divinidad: Abrazar la racionalidad y transformarse de bestia en creyente

En sólo diez días, puedes transformarte de mera bestia y simio a ser divino según otros si vuelves a tus creencias fundamentales y abrazas la racionalidad.

17. Carpe Diem: Abrazar la vida antes de que llegue la muerte

No vivas como si tuvieras una eternidad. La muerte se cierne sobre ti. Así que aprovecha al máximo tus días y esfuérzate por ser una buena persona mientras puedas.

18. Mantener el rumbo: Por qué centrarnos en nuestras propias acciones es la clave para evitar problemas

Cuántos problemas pueden evitarse simplemente centrándose en las propias acciones, sin molestarse en observar o juzgar las de los demás. En lugar de escudriñar en los pensamientos y actos de nuestro prójimo, deberíamos esforzarnos por alcanzar la pureza y la equidad en nuestra propia conducta. Como señaló Agatón, en lugar de fijarnos en las faltas morales de los demás, debemos permanecer fieles a nuestros principios y mantener el rumbo.

19. Rechazar la inmortalidad: La locura de desear la fama póstuma

Los que ansían la fama póstuma no se dan cuenta de que todos los que les recuerdan acabarán muriendo. Y los que vengan después de ellos también perecerán, dejando sólo un recuerdo distorsionado y desvanecido transmitido a través de generaciones de tontos admiradores. Aunque el recuerdo sea inmortal y los que recuerdan sean a su vez inmortales, ¿qué les importa a ustedes? Y no pregunto qué significa esto para los muertos, sino más bien qué significa para los vivos. ¿Cuál es el valor de la alabanza, salvo su utilidad limitada? Al rechazar el don de la naturaleza y aferrarte a otra cosa, te estás negando a ti mismo la verdadera alegría de vivir.

20. La Belleza Intrínseca: Por qué la validación y el elogio son innecesarios para la verdadera belleza

Todas las cosas que poseen belleza son intrínsecamente bellas y no necesitan ninguna validación o alabanza externa para demostrar su valor. El elogio o la crítica no pueden realzar o restar valor a la belleza intrínseca de una cosa. Esto es válido tanto para las formas de belleza comúnmente reconocidas, como las posesiones materiales y el arte, como para conceptos más abstractos, como la moral y las virtudes.

La verdadera belleza no necesita justificación ni afirmación, al igual que las leyes, la verdad, la benevolencia o la modestia. Ninguna de estas cualidades se hace bella por la alabanza o se condena por la crítica. Por ejemplo, una esmeralda, el oro, el marfil, la púrpura, una lira, un cuchillito, una flor o un arbusto no pueden valorarse o devaluarse únicamente en función de opiniones externas sobre ellos. Su belleza es inherente y no requiere validación externa.

21. Transmutación y transformación: Explorando la persistencia de almas y cuerpos más allá de la muerte

Si las almas existen más allá de la muerte, ¿cómo persisten en el aire durante toda la eternidad? Y, sin embargo, ¿cómo contiene la tierra los cuerpos de quienes llevan mucho tiempo enterrados? Aquí, la transmutación y la disolución de los cuerpos dejan paso a otros nuevos, al igual que las almas, que se transmutan y se difunden en el aire antes de adquirir una naturaleza ardiente y unirse a la inteligencia universal. De este modo, la tierra y el aire dan cabida a cuerpos y almas nuevos. Esta es una posible respuesta a favor de la existencia continuada del alma.

Pero también hay que tener en cuenta la gran cantidad de animales que nosotros y otras criaturas consumimos a diario, que en cierto modo también están enterrados dentro de nosotros. Sin embargo, nuestro cuerpo se adapta a ellos, transformándolos en sangre y, finalmente, en elementos aéreos o ígneos.

Entonces, ¿cuál es la verdad detrás de este asunto? Está en la distinción entre la causa material y la causa formal de la forma.

22. Basarse en la justicia: Comprender antes de actuar

Mantén los pies en la tierra y piensa en la justicia en cada acción. Esfuérzate siempre por comprender la situación antes de reaccionar ante ella.

23. Alineados con el Universo: Abrazar la generosidad de la naturaleza y la ciudad amada de Zeus

Todo sincroniza conmigo, que sincroniza contigo, oh Universo. Nada es demasiado pronto ni demasiado tarde para mí si es oportuno para ti. Cada fruto de las estaciones de la naturaleza es mi generosidad, oh Naturaleza. Todas las cosas vienen de ti, descansan en ti y vuelven a ti. El poeta puede decir: "Mi encantadora ciudad de Cecrops". ¿Pero no podemos decir también: "Mi amada ciudad de Zeus"?

24. Menos es más: Encontrar la tranquilidad mediante la priorización y la eliminación

El filósofo sugiere que para alcanzar la tranquilidad hay que centrarse en unas pocas cosas. Sin embargo, quizá sea mejor dar prioridad a hacer lo necesario y cumplir los requisitos sociales naturales. Con este planteamiento no sólo se consigue la tranquilidad que da el hacerlo bien, sino también el hacer menos. La mayor parte de lo que decimos y hacemos es innecesario y, al eliminarlo, podemos disfrutar de más ocio y menos estrés. Por lo tanto, debemos examinar constantemente nuestras acciones y preguntarnos: "¿Esto es necesario?". No sólo es importante eliminar las acciones innecesarias, sino también los pensamientos innecesarios para evitar que sigan acciones innecesarias.

25. El poder de la virtud: abrazar una vida satisfecha y compasiva

Intenta vivir la vida de una persona virtuosa, alguien que está contento con su parte del mundo y orgulloso de sus propias acciones justas y de su naturaleza compasiva.

26. Desvelar los breves momentos de la vida: La clave de la razón, la equidad y la sensatez

¿Has visto estas cosas? Míralas más de cerca. No se preocupe. Sé sincero. Si alguien hace mal, se hace daño a sí mismo. ¿Te ha ocurrido algo? Recuerda que todo lo que ha ocurrido en el universo te ha sido dado desde el principio. En resumen, la vida es breve. Utiliza la razón y la equidad para aprovechar al máximo cada momento. Mantén la sensatez durante el tiempo libre.

27. Orden en el caos: Navegando por la naturaleza paradójica del Universo

¿El universo está bien organizado o es sólo un caos amontonado? Sin embargo, sigue siendo un universo. Pero, ¿puede existir orden en una parte y desorden en el conjunto? Sobre todo, cuando todo está separado, difuso y conectado.

28. ¿Listo para la perfección? Déjeme pulir su escritura.

Carácter negro, carácter de mujer, carácter obstinado, bestial, infantil, animal, estúpido, falso, chusco, fraudulento, tiránico.

29. Desconectados del Universo: La responsabilidad social de la comprensión

Si alguien no sabe lo que ocurre en el universo, es tan extraño como quien no sabe lo que hay en él. Evitan la responsabilidad social, se cierran a la comprensión y dependen de otros para lo que necesitan para vivir. Al apartarse de la naturaleza común de las cosas porque no les gusta lo que ocurre, son como un absceso en el universo. Pero esa misma naturaleza los produce a ellos y a todo lo demás, así que es inútil resistirse a ella. Quienes se apartan del vínculo común de la razón que une a todos los animales son como un trozo de tela desgarrado en el Estado.

30. Filósofos desnudos: Elegir la razón frente al materialismo

El primero es un filósofo sin túnica, y el otro sin libro. Y ahora hay otro que está medio desnudo. 'No tengo pan', dice, 'pero elijo vivir de la razón'. No dependo de mi educación para sobrevivir, sino de mi propio juicio.

31. Abraza tu arte modesto y navega por la vida con libertad

Ama el arte que has aprendido, por modesto que sea, y encuentra satisfacción en él. Navega por el resto de la vida como quien ha confiado todo lo que posee a los dioses, sin convertirte en tirano ni siervo de nadie.

32. Reflexión sobre las visiones del pasado y las lecciones para el futuro

Considera los tiempos de Vespasiano. Serás testigo de cómo la gente se casa, cría hijos, enferma, muere, participa en guerras, festeja, comercia, cultiva, adula, es obstinadamente arrogante, sospecha, conspira, desea que otros mueran, se queja del presente, ama, acumula riquezas, desea el poder político. Sin embargo, ese modo de vida ya no existe. Ahora avancemos hasta los tiempos de Trajano. Lo mismo puede decirse: ese modo de vida también ha desaparecido. Del mismo modo, contempla las distintas épocas y naciones y observa cómo, tras grandes esfuerzos, muchas han acabado por desmoronarse y dispersarse en la nada.

Pero lo más importante es que reflexiones sobre quienes has conocido personalmente, que se han distraído con trivialidades y han descuidado cumplir su verdadero propósito sin dejar de estar satisfechos consigo mismos. Recuerda que prestar atención a cada tarea tiene su propio valor y significado. Si te limitas a los asuntos que son apropiados, no te sentirás insatisfecho.

33. El desvanecimiento de la fama de los héroes: abrazar la fugacidad del recuerdo

Las palabras antaño conocidas han quedado obsoletas, al igual que los nombres de personajes célebres como Camilo, Ceso, Voleso, Leonato, Escipión, Catón, Augusto, Adriano y Antonino. Todas las cosas pasan y se olvidan con el tiempo. Incluso aquellos que brillaron con luz propia se desvanecen en la oscuridad. Cuando mueren, son rápidamente olvidados. Al final, ¿qué es el recuerdo eterno? Nada. ¿En qué debemos centrarnos? Pensamientos de justicia, acciones sociales, palabras veraces y la voluntad de aceptar todo tal como es, como parte natural de la vida.

34. Abrazar el tejido del destino: Entregarse al hilo de Clotho

Sométete voluntariamente a Clotho, una de las Parcas, y permítele hilar tu hilo en lo que ella decida.

35. Recuerdos fugaces: La impermanencia de los recuerdos de la vida

Todo es efímero, incluidos los propios recuerdos.

36. El arte del cambio: Abrazando la Naturaleza de Transformación del Universo

Observa constantemente que todo experimenta cambios, y entrénate para reconocer que la naturaleza del universo favorece la transformación de las cosas existentes y la creación de otras nuevas que se les parezcan. De hecho, todas las cosas existentes son, en cierto sentido, las semillas de lo que vendrá después. Sin embargo, parece que sólo tienes en cuenta las semillas que se siembran en la tierra o se llevan en el vientre materno, una visión muy simplista.

37. Abraza la mortalidad: alcanza la claridad, la calma y la benevolencia antes de que acabe tu tiempo

Pronto morirás, y aún no eres recto, tranquilo, seguro contra la influencia nociva del mundo, benévolo con todos, ni ves la sabiduría únicamente en la acción justa.

38. El arte de gobernar: Desvelando los principios, las preferencias y los afanes de los hombres

Examina los principios que rigen a los hombres, incluidos los de los sabios. Identifica las cosas que evitan y las que persiguen.

39. El poder de la percepción: Dónde reside realmente el mal

Lo que consideras malo no reside en el principio rector de otra persona ni en los cambios físicos que experimenta tu cuerpo. Entonces, ¿dónde está? Está en la parte de ti que tiene el poder de decidir qué constituye el mal. No dejes que esa parte se forme tales opiniones, y todo irá bien. Aunque el cuerpo físico más cercano esté herido, quemado, inflamado y en descomposición, permite que la parte que forma opiniones sobre estas cosas permanezca en calma. Permítele juzgar que todo lo que puede suceder tanto a las personas buenas como a las malas no puede ser intrínsecamente bueno o malo. Ni vivir en contra de la naturaleza ni vivir de acuerdo con ella puede producir los mismos resultados para ambos tipos de personas.

40. El Hilo Unificado: Descubrir la esencia singular y la interconexión armoniosa del Universo

Ve siempre el universo como una única entidad viviente, que posee una esencia y una conciencia. Observa cómo todas las cosas están interconectadas y relacionadas con esta percepción singular, y cómo todo se mueve al unísono. Todas las cosas trabajan en armonía para dar lugar a la existencia de todo lo demás. Presta atención también al tejido sin costuras de la trama del universo y al flujo incesante de sus hilos.

41. La carga de ser un alma pequeña: reflexiones de Epicteto

Eres un alma pequeña que lleva un cuerpo muerto, como dijo Epicteto.

42. La naturaleza paradójica del cambio: Por qué no siempre es bueno seguir igual

No es intrínsecamente malo que las cosas sufran cambios, y no es intrínsecamente bueno que las cosas sigan existiendo debido a esos cambios.

43. Surcando los rápidos del tiempo: el imparable flujo de los acontecimientos de la vida

El tiempo puede compararse a un río caudaloso compuesto de acontecimientos. En cuanto se observa un suceso, es rápidamente arrastrado para ser sustituido por otro. Este flujo continuo es como una corriente violenta que nunca se detiene.

44. La ineludible previsibilidad de los acontecimientos de la vida: Del florecimiento de las rosas al aguijón de la traición

Todos los acontecimientos son tan previsibles como el florecimiento de las rosas en primavera y la maduración de los frutos en verano. Esto incluye la aflicción, el fallecimiento, la calumnia, la traición y cualquier otra circunstancia que pueda agradar o molestar a los ingenuos.

45. Desvelar la maravillosa relación de los sucesos secuenciales

En el orden de los acontecimientos, los subsiguientes siempre están debidamente vinculados a los que los precedieron. No se trata de una mera lista de elementos inconexos que siguen una secuencia necesaria, sino de una conexión lógica. Todas las cosas existen en armonía, y las nuevas creaciones muestran una relación maravillosa más que una simple sucesión.

46. Despierta tu mente: la sabiduría de Heráclito y la importancia del pensamiento independiente

Recuerda siempre la sabiduría de Heráclito, que decía que la tierra se convierte en agua, el agua en aire y el aire en fuego y al revés. Recuerda también que muchos olvidan su destino final y que la gente suele pelearse con la lógica, que rige el universo. Incluso las cosas que encontramos a diario pueden parecernos extrañas. Por lo tanto, no debemos actuar ni hablar como si estuviéramos dormidos porque, incluso en nuestro estado de sueño, seguimos actuando y hablando. Por el contrario, debemos evitar imitar a los niños que siguen ciegamente a sus padres y debemos pensar y actuar por nosotros mismos.

47. La insignificante diferencia entre morir mañana y morir después de toda una vida

Si un dios te dijera que vas a morir mañana o pasado mañana, no te importaría mucho que fuera al tercer día, a menos que te falte valor. La diferencia es insignificante. Por lo tanto, es igualmente insignificante morir después de haber vivido muchos años que mañana.

48. La fugacidad de la existencia humana: Un recordatorio para vivir de acuerdo con la naturaleza

Recuerda continuamente cuántos médicos han fallecido, habiendo fruncido el ceño mientras atendían a los enfermos. Considera el número de astrólogos que, a pesar de sus grandes predicciones sobre la muerte de otros, han perecido ellos mismos. Piensa en los filósofos que han dado innumerables conferencias sobre la muerte y la inmortalidad, y en los héroes que han matado a miles de personas. Reflexiona sobre los tiranos que, actuando como si fueran inmortales, ejercieron su poder sobre la vida de los demás con salvaje insolencia. Y piensa también en las muchas ciudades que han caído en el olvido: Helice, Pompeya, Herculano y otras innumerables.

Añade a esta lista a todos aquellos que has conocido y que han fallecido, uno tras otro. Por cada persona que se entierra, pronto le sigue otra, hasta que tú también sucumbirás. Así pues, recuerda siempre la naturaleza fugaz e insignificante de la existencia humana. Lo que ayer era mera flema, mañana será polvo o cenizas.

Por tanto, vive tu vida de acuerdo con la naturaleza y confórmate con el breve trayecto. Como una aceituna madura que cae de su árbol, bendice a la naturaleza que te hizo nacer y agradece la vida que has vivido.

49. Surcando las olas de la vida: Resistencia y fortuna ante la adversidad

Sé como un promontorio rocoso que soporta las olas que chocan contra él, pero permanece firme y domina las aguas tumultuosas.

¿Estoy triste por lo que me ha ocurrido? En absoluto. Al contrario, estoy contento, porque sigo sin agonía, ni aplastado por el presente ni temeroso del futuro. Esto podría haberle ocurrido a cualquiera, pero no todos lo soportarían con tanta ecuanimidad. ¿Por qué entonces considerarlo una desgracia cuando podría verlo como una bendición? ¿Y califica de desgracia todo lo que cae fuera de la naturaleza del hombre? ¿Y algo parece antinatural si no va en contra de la voluntad de la naturaleza del hombre? Tú conoces la voluntad de la naturaleza. ¿Este incidente te impedirá ser justo, valiente, equilibrado, sabio, inmune a las opiniones precipitadas y a las falsedades? ¿Te quitará la modestia, la libertad o cualquier otro rasgo propio de la naturaleza del hombre? Recuerda este principio en cada ocasión que te aflija: no es una miseria, sino una oportunidad de exhibir una gran fortuna soportándola con nobleza.

50. La ilusión de la inmortalidad: Por qué una larga vida no lo es todo

Puede resultar crudo, pero no deja de ser una perspectiva útil para afrontar la muerte reflexionar sobre quienes se han aferrado ferozmente a la vida. Sin embargo, ¿qué han ganado en última instancia en comparación con los que murieron antes de tiempo? Es probable que yazcan en tumbas en algún lugar, como Cadicio, Fabio, Juliano, Lépido o cualesquiera otros que han llevado a muchos a ser enterrados y han sido llevados a cabo ellos mismos. El hecho es que la vida entre el nacimiento y la muerte es breve si se tiene en cuenta la lucha que conlleva, la clase de gente con la que te cruzas y las debilidades del cuerpo humano. Por tanto, no hay que valorar la vida en exceso. En lugar de eso, piensa en la inmensa cantidad de tiempo que hay detrás de ti y en el tiempo ilimitado que tienes por delante. En este infinito, ¿qué distingue a alguien que vive tres días de alguien que vive tres generaciones?

51. El poder de la sencillez: Razonamiento sensato para una vida sin luchas

Toma siempre el camino más corto, que suele ser el más natural. Habla y actúa de acuerdo con un razonamiento sólido. Esto te liberará de luchas innecesarias, conflictos y cualquier tipo de engaño o fingimiento.

LIBRO 5

— Desbloquea la sabiduría ancestral para alcanzar la plenitud

Toma las riendas de tu vida Examine los consejos de los filósofos de la antigüedad sobre cómo llevar una vida significativa y plena. Abrace el valor de la filosofía y vea cómo proporciona consuelo, esperanza y propósito. Cultive la razón, el control emocional y la empatía. Honra a la máxima autoridad del universo y abraza el mundo natural. Con estas herramientas, vive una vida satisfactoria y alcanza tus metas, incluso ante la adversidad. Es hora de empezar a vivir tu mejor vida y de tener un impacto positivo en el mundo.

1. Despierta tu propósito: Abrazar el trabajo que se alinea con tu naturaleza

Cuando te levantes sin ganas por la mañana, recuérdate que te levantas para cumplir tu propósito como ser humano. Así pues, ¿por qué ibas a sentirte insatisfecho si estás haciendo aquello para lo que viniste al mundo? ¿Te hicieron para que te quedaras en la cama y te mantuvieras caliente? Puede que sea más cómodo, pero ¿es ése tu propósito? ¿Existes sólo para buscar el placer y evitar el esfuerzo? Fíjate en las pequeñas criaturas que te rodean, las plantas, los pájaros, las hormigas, las arañas y las abejas, todos trabajando juntos para mantener el equilibrio en el universo. ¿No estás dispuesto a hacer el trabajo que corresponde a tu naturaleza? Por supuesto, el descanso también es necesario, pero incluso eso tiene límites establecidos de forma innata. Al igual que con la comida y la bebida, a menudo vas más allá de lo que es suficiente, pero cuando se trata de tus acciones, te detienes por debajo de tu potencial. Esto indica que no te amas de verdad, porque si lo hicieras, amarías tu naturaleza y seguirías su voluntad. La gente que ama su oficio trabajará incansablemente en él, sin comida ni descanso, pero tú no valoras tu naturaleza tanto como un tornero valora su oficio, o un bailarín su arte, o un amante del dinero su riqueza, o una persona vanidosa su reputación. Estas personas, cuando sienten una gran pasión por algo, renuncian incluso a comer y dormir para perfeccionar su arte. Entonces, ¿por qué consideras que las acciones que benefician a la sociedad merecen menos tu esfuerzo y tu tiempo?

2. Consiga fácilmente la paz total: Elimine las impresiones negativas en un abrir y cerrar de ojos.

Es muy sencillo alejar y erradicar cualquier impresión molesta o inadecuada, y encontrar al instante la paz completa.

3. Mantente fiel a tu naturaleza: Abrazar tu camino único e ignorar las críticas en el camino

Evalúa cada expresión y acción que se alinee con la naturaleza para determinar si es adecuada para ti. No te dejes influir por las críticas de otras personas o por sus palabras. Si algo es digno de ser dicho o hecho, no te menosprecies descalificándolo. Cada uno tiene su propio principio rector y sigue su propio camino. No te preocupes por sus caminos. En lugar de eso, sigue tu propio camino natural mientras te adhieres a la naturaleza universal, ya que ambos caminos están alineados.

4. De la semilla a la tierra: abrazar el ciclo natural de la vida y la muerte

Experimentaré el curso natural de los acontecimientos hasta que finalmente fallezca y libere mi aliento en el mismo elemento del que tomo aire regularmente. También volveré a la tierra, el mismo suelo donde mi padre recogió la semilla, mi madre obtuvo la sangre y mi nodriza me proporcionó la leche. Esta tierra me ha nutrido con comida y bebida durante incontables años, e incluso ha soportado mi constante uso y abuso.

5. Más allá de la brillantez: Abrazar las cualidades que están bajo tu control

Afirmas que los hombres no pueden apreciar la brillantez de tu mente. Bien, pero hay otras cualidades que no puedes negar que están bajo tu control. Muestra estas virtudes: sinceridad, gravedad, perseverancia, resistencia a los excesos, satisfacción con lo que tienes, amabilidad, honradez, sencillez, magnanimidad. Hay muchos rasgos que puedes exhibir fácilmente, sin culpar a tus capacidades innatas. Sin embargo, sigues eligiendo vivir por debajo de tu potencial. ¿Culpas a la naturaleza de tu tendencia a quejarte, aferrarte a tus posesiones, adular, criticar tu cuerpo y buscar la aprobación de los demás? No, tú tienes el poder de cambiar. Si tienes problemas de lentitud intelectual, esfuérzate por mejorar. No ignores el problema ni encuentres consuelo en tus defectos.

6. Convertirse en un ser social: La importancia de reconocer la bondad y evitar las deudas

Una persona, tras ayudar a otra, puede considerarlo un favor concedido y añadirlo a su cuenta. Otra puede no declararlo como favor, pero sigue viendo a la otra como en deuda con ella en su propia mente. Y otra, como una vid que da sus frutos, ni siquiera registra la buena acción. Igual que un caballo corre o una abeja produce miel, un hombre, una vez que ha realizado un acto bondadoso, no busca reconocimiento, sino que pasa a otro como la vid da nuevas uvas en sazón.

¿Debe entonces una persona actuar de esta manera inconsciente? Sí. Pero es crucial prestar atención a las propias acciones para reconocer el propio papel como ser social, y desear que los demás también lo vean. Sin embargo, no acabas de entenderlo, y si no lo haces, corres el riesgo de convertirte en alguien como los mencionados antes, aunque creas que tienes buenas razones. Pero si te tomas el tiempo necesario para comprender esta idea, no tienes por qué preocuparte por no conseguir ser una persona social.

7. Zeus, que llueva: Oración ateniense por una cosecha abundante

Una plegaria ateniense: Zeus, querido Zeus, haz que la lluvia caiga sobre los campos arados y las llanuras de Atenas. No debemos rezar en exceso, sino de forma directa y digna.

8. Aceptar nuestro destino: Comprender el significado de las acciones y los acontecimientos prescritos

Debemos comprender el significado de afirmaciones como "Esculapio prescribió a este hombre ejercicios con caballos, baños fríos o pies descalzos", así como "el universo prescribió a este hombre enfermedades, mutilaciones o pérdidas". En el primer caso, "prescribió" se refiere a una acción recomendada en beneficio de la salud del individuo. En el segundo caso, significa que lo que le ocurre a una persona está predeterminado de forma que se alinea con su destino.

Al igual que los obreros utilizan el término "adecuado" cuando encajan piedras cuadradas en un muro o en las pirámides, las cosas que son "adecuadas" para nosotros están de acuerdo con nuestro destino. El universo es una composición de todos los cuerpos, cada uno con un destino, que forman un todo cohesionado. Incluso los no entendidos comprenden cuando decimos que la "necesidad" o el "destino" traen algo a una persona: se lo han prescrito. Así pues, debemos aceptar lo que nos sucede porque se alinea con nuestro destino, del mismo modo que aceptamos los tratamientos desagradables de Esculapio con la esperanza de mejorar nuestra salud.

Debemos reconocer que las cosas que la naturaleza considera buenas y deseables deben considerarse tan importantes como nuestra salud, y esforzarnos por conseguirlas. Incluso si ocurre algo desagradable, debemos aceptarlo porque, en última instancia, conducirá a la prosperidad y la felicidad del universo. Zeus, como encarnación del universo, no nos infligiría daño si no fuera en nuestro beneficio y en el del universo.

Es un error estar descontento con lo que nos sucede porque se ha hecho en nuestro beneficio y está entrelazado con nuestro destino. Además, incluso los acontecimientos que nos suceden individualmente contribuyen a la perfección y continuidad generales del universo. Si rechazamos lo que nos sucede, alteramos la armonía y el orden del universo. Por lo tanto, debemos aceptar todo lo que nos sucede, por desagradable que parezca.

9. Abrazar el viaje de la filosofía: Encontrar la sabiduría en el titubeo y alinearse con la naturaleza humana

No te sientas disgustado, desanimado o insatisfecho si no consigues adherirte a los principios correctos en todo lo que haces. Más bien, cuando vaciles, regresa y confórmate con el hecho de que la mayoría de tus acciones se ajustan a la naturaleza humana. Ama el camino al que regresas y no trates a la filosofía como a un maestro. Por el contrario, aplica sus enseñanzas como una persona con los ojos irritados aplica una esponja humedecida o un emplasto. Al hacerlo, permanecerás fiel a la razón y encontrarás consuelo en ella. Recuerda que la filosofía sólo exige cosas que se alinean con tu naturaleza, pero tú puedes desear algo que va en contra de ella. Puedes argumentar que lo que estás haciendo te complace, pero ¿no es la razón por la que el placer es engañoso? Considera si la magnanimidad, la libertad, la sencillez, la ecuanimidad y la piedad no son más agradables. ¿Qué es más agradable que la sabiduría misma cuando contemplas la seguridad y la felicidad que provienen de la comprensión y el conocimiento?

10. La búsqueda de sentido en un mundo de oscuridad y cambio: Sabiduría estoica sobre la aceptación y la autorreflexión

Los filósofos han encontrado muchas cosas misteriosas y difíciles de entender, e incluso los sabios estoicos luchan con algunas de ellas. Es natural que cambiemos de opinión, pues nadie permanece igual para siempre. Pero cuando consideramos la naturaleza fugaz e insignificante de las cosas que valoramos, que igual podrían pertenecer a un delincuente de baja estofa o a un inmoral, parece inútil tenerlas en alta estima. Incluso nuestros semejantes, una vez examinados de cerca, resultan ser defectuosos y difíciles de soportar. En este mundo de oscuridad, suciedad y cambio constante, es difícil encontrar algo que merezca realmente nuestra atención o búsqueda.

En lugar de ello, deberíamos encontrar consuelo en aceptar el curso natural de la vida y no alterarnos por retrasos u obstáculos. Podemos basarnos en dos principios rectores: primero, que todo lo que nos ocurre está en consonancia con el orden natural del universo; y segundo, que tenemos el poder de actuar en armonía con nuestra naturaleza divina y nuestra conciencia. Nadie puede obligarnos a traicionar estos principios, y sólo ese pensamiento debería traernos la paz.

11. Reflexionando sobre el estado de mi alma: ¿soy un niño, un tirano o una bestia salvaje?

¿Qué ocupa mi alma en este momento? Debo plantearme constantemente esta pregunta y evaluar el estado de mi principio rector. ¿Qué alma estoy encarnando: la de un niño, la de un joven, la de una mujer débil, la de un tirano, la de un animal doméstico o la de una bestia salvaje?

12. La mayoría frente a la percepción individual: Lo que realmente define lo "bueno

Podemos aprender qué cosas son consideradas buenas por la mayoría simplemente observando. Si alguien cree en ciertas virtudes como la prudencia, la templanza, la justicia o la fortaleza, no aceptará ideas que contradigan esas creencias. Sin embargo, si alguien cree inicialmente en lo que la mayoría considera bueno, aceptará de buen grado cualquier idea que se alinee con ello. Esto pone de manifiesto las diferencias de percepción entre las personas. Si no fuera así, no rechazaríamos el dicho de que la riqueza y el lujo conducen a la felicidad, mientras que lo aceptaríamos como ingenioso y adecuado. Consideremos, pues, si debemos valorar las cosas que las palabras del humorista describen con acierto: que quienes las tienen no pueden aliviarse por puro exceso.

13. Inquebrantable: La eterna evolución de la forma y la materia

Estoy compuesto tanto de forma como de materia, que no desaparecerán en la inexistencia, puesto que no fueron creadas de la nada. Como resultado del cambio, cada parte de mí se transformará gradualmente en algún otro aspecto del universo, y eso también evolucionará continuamente en otra cosa por toda la eternidad. Como resultado de este ciclo perpetuo, mis antepasados y yo existimos y seguiremos existiendo eternamente. Esta afirmación sigue siendo cierta, aunque el universo se rija por períodos específicos de rotación.

14. Desatar el poder de la razón y la filosofía: Catorthoseis y el arte de los actos correctos

La razón y la filosofía son poderosas en sí mismas, capaces de alcanzar los objetivos que se proponen. Parten de sus propios principios fundacionales y avanzan hacia sus objetivos, de ahí el término "Catorthoseis" o actos correctos, destacando que siguen el camino correcto.

15. La verdadera naturaleza del hombre: Por qué las posesiones materiales no son la clave del éxito

Nada debe considerarse propio de un hombre si no está de acuerdo con su verdadera naturaleza de hombre. Tales cosas no son necesarias ni prometidas por su naturaleza, ni son esenciales para alcanzar su propósito último. Por lo tanto, el propósito del hombre no reside en estas cosas, y lo que apoya este propósito es lo que es verdaderamente bueno. Además, si alguna de estas cosas perteneciera al hombre, sería un error que las despreciara y obrara contra ellas. Un hombre no puede ser alabado por privarse voluntariamente de estas cosas, ni puede ser considerado bueno si se abstiene de ellas. Sin embargo, cuanto más se desprende un hombre de tales cosas, o de cosas similares, y soporta la pérdida con paciencia, mejor hombre es.

16. Tiñe tu mente de positividad: Cómo tus hábitos dan forma a tu interior

Tus pensamientos habituales conforman el carácter de tu mente, ya que el alma está teñida por ellos. Por lo tanto, deja que tu mente se tiña con una corriente continua de pensamientos positivos, como que, si una persona puede vivir en algún lugar, también puede vivir bien allí. Si una persona vive en un palacio y puede vivir bien, también puede vivir bien en una residencia menos opulenta.

Además, recuerda que todo tiene un fin para el que fue creado, y se dirige hacia ese fin. El objetivo final es donde reside la ventaja y el bien de cada cosa. Para un ser razonable, como el ser humano, la sociedad es el objetivo final, ya que estamos hechos para ella, como ya se ha dicho.

Por último, es evidente que las cosas inferiores existen para las superiores. Los seres vivos son superiores a los no vivos, y entre los seres vivos, los que tienen razón son los más superiores.

17. La locura de perseguir lo imposible: La Persecución Inevitable de los Malvados

Buscar lo imposible es insensato, y es inevitable que los malvados participen de ese comportamiento.

18. Inquebrantable: El poder de la fortaleza para superar los retos de la vida

No hay nada que pueda sucederle a una persona que no esté dentro de su capacidad natural de soportar. Otros pueden experimentar los mismos acontecimientos y, sin embargo, salir indemnes, ya sea porque no los reconocen o porque tienen la fortaleza necesaria para sobrellevarlos. Es una verdadera lástima que la prepotencia y la falta de conocimientos anulen a menudo el buen juicio.

19. El alma indestructible: inmunizada contra la influencia de las circunstancias de la vida

El alma no se ve afectada por las cosas en sí, ni siquiera un poco. Las cosas no pueden entrar en el alma ni afectarla, ni pueden manipularla ni influir en ella. El alma tiene el poder de girar y moverse por sí misma, y cualquier juicio que considere apropiado se basa en su propia percepción de las cosas que se le presentan.

20. Superar obstáculos: Cómo el ser humano y la naturaleza determinan el éxito

En un aspecto, los humanos son los seres más cercanos a mí porque debo hacer el bien y tolerarlos. Sin embargo, si algunos individuos obstaculizan mis actos rectos, se convierten en entidades neutrales, como el sol, el viento o los animales salvajes. Aunque estos elementos obstaculicen mis acciones, no afectan a mis emociones ni a mi carácter, que poseen la capacidad de actuar de forma adaptativa y modificarse en consecuencia. La mente transforma y convierte cada obstáculo en una ventaja para sus operaciones. De ahí que las barreras se conviertan en puertas hacia el progreso, y los obstáculos en un camino hacia el éxito.

21. El poder interior: Respetar la cualidad suprema que guía y dirige tu vida

Respeta la cualidad suprema del universo, que utiliza y guía todas las cosas. Del mismo modo, respeta la cualidad suprema dentro de ti, que es de la misma naturaleza. Pues también en ti, ésta es la fuerza que emplea todo lo demás y dirige tu vida.

22. Garantizar un impacto positivo: El poder de las directrices para proteger a los ciudadanos y al Estado

Si algo no repercute negativamente en el Estado, tampoco repercutirá negativamente en sus ciudadanos. Siempre que parezca que se está produciendo un perjuicio, sigue esta pauta: si no perjudica al Estado, no me perjudicará a mí. Sin embargo, si el Estado se ve perjudicado, no te enfades con la persona responsable. En lugar de eso, ayúdale a ver en qué se ha equivocado.

23. La ilusión de la permanencia: Por qué debemos dejar de atormentarnos por las cosas efímeras

Piensa a menudo en lo rápido que pasan y desaparecen las cosas, tanto las que existen como las que nacen. La sustancia es como un río que fluye continuamente, y las actividades de las cosas cambian sin cesar, con causas que actúan en variaciones interminables. Apenas hay nada que permanezca constante. Considera la vasta extensión del pasado y del futuro, en la que todas las cosas acaban por desvanecerse, aquí a tu lado. ¿No es una tontería envanecerse o atormentarse por estas cosas fugaces, haciéndose uno miserable? Sólo te atormentan por poco tiempo.

24. La asombrosa comprensión de nuestra insignificancia en el Universo

Considera la sustancia del universo, de la que posees una fracción minúscula; y la extensión del tiempo, del que se te ha concedido un momento breve y fugaz, y el poder inmutable del destino, y tu insignificancia en relación con él.

25. Dejar que el Universo tome el timón: Aceptar el control y dejar ir los rencores

Si alguien me hace daño, que se las apañe solo. Tienen su propia personalidad, su propia agenda. Actualmente, sólo recibo lo que el universo quiere para mí, y actúo de acuerdo con mis propios deseos.

26. Dominio del alma: cómo controlar las sensaciones físicas y abrazar las conexiones naturales sin juzgarlas

Mantén la parte de tu alma que dirige y gobierna, imperturbable ante las sensaciones físicas de placer o dolor. No permitas que se funda con ellas, sino que las controle y las confine dentro de sus límites. Sin embargo, cuando estas sensaciones afecten a tu mente en virtud de la conexión natural que existe en tu cuerpo, no intentes resistirte a ellas, ya que es natural. Pero no permitas que la parte gobernante de tu alma juzgue estas sensaciones como buenas o malas.

27. Vivir la vida con los dioses: encontrar la comprensión y la razón como tu guardián y guía

Experimenta la vida con los dioses. Uno habita verdaderamente con ellos cuando demuestra constantemente satisfacción con el camino asignado y cumple los deseos de la conciencia. Zeus concedió a cada individuo una porción de sí mismo para que le sirviera de guardián y guía, conocida como entendimiento y razón.

28. Abordar el mal olor: Cómo resolver los problemas de higiene personal sin conflictos

¿Está molesto con alguien cuyas axilas desprenden un olor desagradable? ¿O con alguien cuyo aliento apesta? Pregúntate de qué te servirá enfadarte. Es inevitable que tales emanaciones provengan de estas partes del cuerpo. Sin embargo, el individuo posee la razón. Se puede argumentar que, si se esfuerza, puede percibir el origen de la cuestión. Espero que pueda encontrar una solución. Si racionalizas con él, puedes estimular su razonamiento y ayudarle a reconocer su error. Aconsejándole, puedes eliminar el problema sin recurrir a la ira.

29. Vive a tu aire: Toma las riendas de tu vida antes de que sea demasiado tarde

Como planeas vivir cuando ya no estés presente en esta tierra, está dentro de tu control vivir de esa manera ahora. Sin embargo, si los demás no te lo permiten, retírate de la vida, pero de un modo que no te perjudique. Si la casa está llena de humo, me voy. ¿Por qué debería percibir esto como un obstáculo? Si nada de eso me obliga a marcharme, me quedo libremente y nadie puede impedirme hacer lo que deseo, que es actuar de acuerdo con la naturaleza de un ser racional y social.

30. El universo inteligente y social: Orquestando magistralmente sus componentes complementarios

El universo es inteligente y funciona en sociedad. Ha creado las cosas menos importantes para que sirvan al bien mayor, y ha diseñado las cosas más significativas para que se complementen entre sí. Puedes observar cómo ha dispuesto, organizado y distribuido cada cosa en el lugar que le corresponde y ha armonizado las mejores cosas entre sí.

31. Reflexionar sobre una vida de respeto y bondad: ¿Has vivido una vida intachable?

¿Has tratado con respeto a los dioses, a tus padres, hermanos, hijos, profesores, cuidadores, amigos, parientes y esclavos? Reflexiona sobre si has tratado a todos de un modo que haría que los demás dijeran de ti: "Nunca han agraviado a nadie ni de palabra ni de obra". Recuerda los retos a los que te has enfrentado y la resistencia que has demostrado. La historia de tu vida está completa y tu servicio ha terminado. Piensa en las cosas bellas que has presenciado, los placeres y dolores que has soportado, y las cosas honorables que has rechazado. Piensa en cuántas personas desagradables has tratado con amabilidad.

32. La batalla del conocimiento: Por qué los ignorantes se enfrentan a los expertos

¿Por qué molestan los individuos inexpertos e ignorantes a los que poseen pericia y comprensión? ¿Qué alma posee tal aptitud y conocimiento? La que comprende el principio y el fin, comprende la causa subyacente que impregna toda la materia y gobierna el universo a través de periodos de tiempo establecidos.

33. Una búsqueda vacía: por qué nuestros valores carecen de sentido ante la mortalidad

Pronto, muy pronto, te convertirás en cenizas o en un esqueleto, reducido a nada más que un nombre o quizá ni siquiera eso. Los nombres no son más que sonidos y ecos. Las cosas que valoramos en la vida carecen de sentido, están podridas y son insignificantes, como los perritos que se muerden unos a otros, o los niños que riñen, ríen y luego lloran. La lealtad, la decencia, la justicia y la verdad han desaparecido.

Entonces, ¿por qué te quedas aquí todavía, cuando las cosas que puedes tocar y ver están en constante cambio, tus sentidos no son fiables y tu alma no es más que un subproducto de tu estado físico? Tener una buena reputación en un mundo como éste es un logro vacío. ¿Por qué no esperas a que llegue tu hora en paz, a dejar de existir o a pasar a otro plano de existencia? Hasta entonces, ¿qué más necesitas? ¿No deberías venerar y dar gracias a los dioses, hacer buenas obras por tus semejantes y cultivar la paciencia y el autocontrol? Y todo lo que está más allá del alcance de la frágil carne y aliento que posees no es tuyo ni está bajo tu control.

34. El camino hacia una vida consistentemente feliz: Las elecciones conscientes y los principios compartidos de Dios y los humanos

Puedes llevar una vida siempre feliz siguiendo el camino correcto y tomando decisiones y acciones conscientes. Estos principios son compartidos tanto por el alma de Dios como por las almas de los humanos y de todos los seres racionales. Incluyen la capacidad de evitar que los demás te obstaculicen y la creencia de que la justicia y su puesta en práctica son principios fundamentales para ser bueno. Tus deseos también deberían alinearse con este código moral.

35. Por qué preocuparse: Comprender el impacto de las malas acciones individuales en el bien común

Si esto no se deriva de mi propia maldad, y no perjudica al bienestar general, entonces ¿por qué debería sentirme preocupado? ¿Cuál es el perjuicio para el bien común?

36. Más allá de las apariencias: Ayudar a los demás y cultivar la buena fortuna

Asegúrate de no actuar precipitadamente basándote únicamente en las apariencias. En lugar de eso, ayuda a los demás de acuerdo con tus propias capacidades y sus necesidades. Y si han sufrido pérdidas en asuntos de poca importancia, no lo veas como un daño real; esa es una mentalidad pobre.

Cuando estás en la Rostra, ¿has olvidado lo que realmente importa? Puede que sea importante para esa gente, pero ¿merece la pena hacer el ridículo? Una vez fui un individuo afortunado, pero ya no tengo esa misma suerte. No sé muy bien cómo. Pero ser afortunado significa que uno ha cultivado una buena fortuna: una actitud positiva, sentimientos optimistas y actos virtuosos.

LIBRO 6

— Abre tu camino a la plenitud

Abraza la benevolencia del universo. Acepta el orden natural de las cosas y confórmate con el momento presente. Recuerda que la vida es efímera, así que aprovecha cada momento. Vive con propósito y sentido, sorteando los retos de la vida con virtud y bondad. Reconocer la interconexión de todas las cosas y cultivar el aprecio por el mundo natural. Respeta el medio ambiente y todo lo que lo habita. Dar prioridad al conocimiento, la razón y la búsqueda intelectual. Busca la sabiduría de grandes filósofos y líderes, y aplica sus enseñanzas a tu vida diaria. Tienes el poder de influir positivamente en el mundo. Utilízalo sabiamente y vive una vida de la que te sientas orgulloso.

1. Armonía en el Universo: Cómo la obediencia y la racionalidad gobiernan sin malicia

La sustancia del universo es obediente y complaciente. La razón rectora no tiene motivos para hacer el mal, ya que no tiene intención maliciosa y no daña nada. Todas las cosas son creadas y perfeccionadas según esta racionalidad.

2. Céntrate en el ahora: Cómo dejar de lado las distracciones y dar lo mejor de ti mismo

No dejes que te moleste si sientes frío o calor mientras cumples con tu deber. Y no te preocupes si te sientes somnoliento o descansado. No prestes atención a si la gente habla mal de ti o te elogia. Y no importa si estás muriendo o haciendo otra cosa. Porque morir es sólo una de las cosas que hacemos en la vida. Así que céntrate en dar lo mejor de ti en lo que estés haciendo ahora.

3. Desbloquea tu potencial interior: Abrazar el carácter distintivo en uno mismo y en los demás

Busca dentro de ti y no dejes que se te escape la naturaleza distintiva o el valor de nada.

4. La Aniquilación Inevitable: Cómo el cambio conduce a la desintegración y la transformación

Todo lo que existe cambia inevitablemente, lo que conduce a su aniquilación final al desintegrarse o transformarse en vapor, suponiendo que toda la materia sea fundamentalmente la misma.

5. Comprender la Razón Gobernante: Descifrando la Disposición, las Acciones y el Material

La razón gobernante comprende su propia disposición, sus acciones y el material que utiliza.

6. Romper el ciclo: Por qué la venganza no es la respuesta

La forma más eficaz de vengarse es no emular al agresor.

7. Encontrar la paz interior: Cómo tener a Dios en mente durante las transiciones sociales puede aportar placer

Disfruta de algo y encuentra paz en ello. Al pasar de una actividad social a otra, ten presente a Dios.

8. Potenciación a través de la transformación: El principio rector que moldea e influye en las percepciones

El principio rector es lo que se agita y transforma activamente. Al adoptar la forma deseada, también percibe todos los acontecimientos de acuerdo con su voluntad.

9. El plan perfecto de la naturaleza: Cómo se consigue todo en el Universo

Todo en el universo se realiza de acuerdo con su naturaleza. Cada cosa se logra de una manera que no está de acuerdo con ninguna otra naturaleza, ya sea una naturaleza que se comprende externamente, o una naturaleza que se comprende dentro de esta naturaleza, o una naturaleza externa e independiente de ésta.

10. El Universo: ¿Caos u orden? Por qué es importante para tus creencias

El universo o es caótico, con cosas enredadas y dispersas, o es un sistema cohesionado y ordenado guiado por la providencia. Si es lo primero, ¿por qué habría de preocuparme por una mezcla azarosa de cosas y por semejante desorden? ¿Por qué habría de preocuparme por otra cosa que no sea llegar a ser uno con la tierra al final? ¿Y por qué preocuparme si la dispersión de mis elementos es inevitable, haga lo que haga? Por otra parte, si esto último es cierto, entonces tengo reverencia y confianza en quien gobierna, y me mantengo firme en mis creencias.

11. Recuperar el control: cómo reconectar con uno mismo en los momentos difíciles

Cuando las circunstancias te hayan obligado a perturbarte, reconéctate rápidamente contigo mismo. No dejes que tu desarmonía persista más allá de la duración de la compulsión. Mediante un esfuerzo constante por restablecer la armonía, conseguirás un mayor control sobre ella.

12. Filosofía: Tu madrastra en los tribunales, tu madre en la vida

Si tuvieras a la vez madrastra y madre, le deberías respeto a tu madrastra, pero, aun así, siempre volverías a tu madre. Piensa en la filosofía y en el tribunal del mismo modo, como madrastra y como madre. Refúgiate con frecuencia en la filosofía y encuentra la paz en ella, para que lo que tengas que afrontar en el tribunal te parezca soportable y puedas parecer admirable a los ojos del tribunal.

13. Desenmascarar las ilusiones: Ver más allá de la superficie de los objetos

Cuando nos presentan carne u otros alimentos, a menudo los percibimos como simples restos sin vida de animales. Del mismo modo, vemos el vino como mero zumo de uva y la ropa como lana de oveja teñida con sangre de marisco. Estas percepciones penetran en los propios objetos, permitiéndonos verlos como lo que realmente son.

A lo largo de nuestra vida, deberíamos esforzarnos por abordar todas las cosas con este mismo nivel de escrutinio. Incluso los objetos que parecen más dignos de nuestra alabanza y atención deben ser examinados de cerca, despojándolos de todos sus elogios para revelar su verdadera inutilidad. Es demasiado fácil dejarse engañar por las apariencias, e incluso los objetivos aparentemente más valiosos pueden llegar a engañarnos.

Consideremos, por ejemplo, la sabiduría de Crates al hablar del propio Xenócrates.

14. La jerarquía de la admiración: De las piedras a las almas racionales

La mayoría de las cosas que despiertan la admiración de las masas son las de naturaleza más general, como las piedras, la madera, las higueras, las vides y los olivos, que se mantienen unidos por cohesión u organización natural. Sin embargo, los que poseen un poco más de razón tienden a admirar a los seres vivos, como los rebaños y las manadas. Además, a los que tienen un alto grado de conocimiento les gustan las cosas que se mantienen unidas por un alma racional, pero no cualquier tipo de alma, sino sólo una que domine algún arte o pericia, o simplemente racional en cuanto a tener un grupo de esclavos. Sin embargo, quienes valoran un alma racional, universal, apta para la vida política, no aprecian otra cosa que esto. Dan prioridad a mantener su alma en un estado de ser y actuar acorde con la razón y las normas sociales, y trabajan con individuos que comparten valores similares.

15. Abrazar la fugacidad de la vida: Encontrar valor en el cambio constante

Muchas cosas nacen mientras otras mueren, e incluso de las que acaban de nacer, algunas ya se han ido. El mundo está en constante cambio y movimiento, igual que el tiempo fluye sin fin y se renueva. En esta corriente siempre cambiante, ¿qué hay que uno pueda valorar mucho? Sería como enamorarse de un gorrión pasajero que desaparece rápidamente de la vista. Esta es la naturaleza de la vida para cada persona, como la exhalación del aliento y la inhalación del aire. Al igual que inspiramos y espiramos a cada momento, también recibimos el poder de la respiración al nacer, para devolverlo finalmente al elemento del que lo extrajimos por primera vez.

16. Más allá de la fama y las posesiones materiales: El verdadero valor de la educación y el aprendizaje

La transpiración en las plantas y la respiración en los animales, ya sean domésticos o salvajes, no son valorables, como tampoco lo es la mera recepción de estímulos sensoriales o el dejarse llevar por los deseos como marionetas con hilos o reunirse en rebaños, ni siquiera el simple hecho de nutrirse con alimentos, ya que eso equivale a desechar residuos. ¿Qué es entonces lo verdaderamente valioso en la vida? ¿Es el aplauso de los demás? La respuesta es no. El elogio de los demás, en su mayor parte, no es más que el aplauso de las lenguas. Entonces, si no merece la pena luchar por la fama, ¿qué es lo que realmente merece la pena valorar? En mi opinión, es aprender a moverse y controlarse a uno mismo de acuerdo con su verdadera naturaleza, que puede alcanzarse a través de todas las búsquedas y ocupaciones. El viticultor cultiva la uva para hacer buen vino, el domador de caballos enseña obediencia a las bestias de carga y el adiestrador de perros adiestra a los canes para que realicen tareas específicas. Este concepto de alcanzar la excelencia, adaptado a la propia naturaleza, es también la base de la educación y la enseñanza. Reconocerlo es el verdadero valor de la educación y el aprendizaje, y basta para satisfacer las propias necesidades. Centrándose en este ideal, uno puede liberarse del deseo de otros bienes externos que no son verdaderamente esenciales para la felicidad. También se evitaría sentir envidia, celos o inseguridad por las posesiones de los demás y conspirar para poseerlas uno mismo. Respetando y honrando la propia mente, uno puede encontrar satisfacción, armonía con la sociedad y acuerdo con los dioses y aceptar todos los dones y órdenes que proceden de ellos, sin quejarse.

17. Desvelar la divina progresión de la virtud en medio del movimiento caótico

A nuestro alrededor, los elementos están en constante movimiento, arriba, abajo y por todas partes. Sin embargo, la esencia de la virtud no se encuentra en ninguno de estos movimientos. La virtud es de naturaleza más divina, progresa silenciosamente por un camino que a menudo pasa desapercibido, pero que avanza con gracia y facilidad.

18. La obsesión peculiar: En busca de la validación de las generaciones futuras

El comportamiento de los hombres es bastante peculiar. En lugar de mostrar gratitud hacia sus contemporáneos, buscan la validación de las generaciones futuras a las que nunca tendrán la oportunidad de conocer. Dan mucha importancia a que les alaben personas que nunca han visto ni verán. Sin embargo, esto se parece a sentirse molesto por el hecho de que la gente que en el pasado no te apreciaba.

19. Cree en tu capacidad: Superar los retos y alcanzar el éxito

Si algo te resulta difícil de lograr por ti mismo, no creas que es imposible para la humanidad. Por otro lado, si algo es alcanzable por las personas y se alinea con nuestras características innatas, ten fe en que tú también puedes lograrlo.

20. Perdonar a los compañeros de gimnasia: Cómo los accidentes leves pueden enseñarnos a dejar de lado la ira y la evasión

En gimnasia, imagina que un hombre te ha arañado accidentalmente con las uñas o te ha golpeado en la cabeza, causándote una herida. A pesar del daño, no debemos mostrar ira, ofendernos ni considerarle una persona traicionera. Por el contrario, debemos mantenernos cautos a su alrededor, no como un enemigo o con recelo, sino simplemente evitándole. Del mismo modo, deja que esta actitud guíe tu comportamiento en todos los demás aspectos de la vida. Del mismo modo que pasamos por alto pequeños accidentes en el gimnasio con nuestros compañeros de sparring, deberíamos aprender a perdonar y pasar por alto muchas cosas en aquellos que son como nuestros adversarios. Recuerda que tenemos el poder de hacernos a un lado y evitar cualquier sentimiento negativo hacia ellos.

21. Mente abierta: Disposición a aprender y aceptar la verdad

Si alguien puede convencerme y demostrarme que no estoy pensando o actuando correctamente, estoy dispuesto a cambiar. Mi objetivo es descubrir la verdad, ya que nunca perjudica a nadie. Sin embargo, los que permanecen en sus errores y en su falta de conocimiento son los que sufren.

22. El deber: Determinación inquebrantable hacia el propósito de la vida

Cumplo con mi deber y no me ocupo de nada más. Lo que no posee vida ni razón, o se ha extraviado sin rumbo, no me preocupa.

23. Encontrar el equilibrio entre generosidad y gracia social: Interactuar con animales, objetos y seres humanos

Con respecto a los animales y objetos inanimados, utilízalos con generosidad y espíritu liberal, ya que carecen de razón. Sin embargo, cuando interactúes con humanos, que poseen la razón, adopta un enfoque social. Recuerda invocar a los dioses en cualquier circunstancia, y no te preocupes por el tiempo que lo hagas; incluso tres horas son suficientes.

24. Un destino común: El destino compartido de Alejandro de Macedonia y su novio en la muerte

Alejandro de Macedonia y su novio corrieron la misma suerte con la muerte. O fueron recibidos en los mismos principios fundamentales del universo, o sus átomos se dispersaron de forma similar.

25. La creación simultánea del cosmos: Explorando la conexión entre cuerpo, alma y universo

Piensa en todas las cosas que ocurren simultáneamente en nuestro interior, tanto en el cuerpo como en el alma. Teniendo esto en cuenta, no es de extrañar que todo lo que existe en el universo, lo que llamamos Cosmos, surja a la vez.

26. La compostura es la clave: Cómo cumplir con las responsabilidades sin alterarse

Si alguien te preguntara cómo se escribe el nombre de Antonino, ¿deletrearías cada letra con tensión en la voz? Y si se enfadaran, ¿también te enfadarías tú? ¿O mantendrías la compostura y deletrearías con calma cada letra? Del mismo modo, en la vida, recuerda que cada responsabilidad se compone de ciertas acciones que es tu deber cumplir. Debes llevarlas a cabo con serenidad, sin alterarte ni enfadarte con quienes puedan estar enfadados contigo. Sigue adelante y completa la tarea que se te ha encomendado.

27. Dejemos que aprendan: Los peligros de negar a los hombres la oportunidad de dar lo mejor de sí mismos

¡Qué cruel es negar a los hombres la oportunidad de perseguir lo que consideran adecuado y beneficioso para su naturaleza! En cierto sentido, al enfadarte cuando se equivocan, les privas de esa búsqueda. Se sienten naturalmente atraídos hacia lo que creen que les servirá bien, pero su percepción puede no coincidir con la realidad. En lugar de enfadarte, enséñales y guíales, ilumina su entendimiento.

28. Más allá de la tumba: Abrazar la liberación definitiva del mundo material

La muerte marca el fin de las percepciones sensoriales, el cese de los deseos y del funcionamiento racional de la mente, así como la renuncia a los apegos mundanos.

29. Rendición del alma: Por qué el cuerpo nos supera

Es una pena que el alma sea la primera en rendirse en la vida mientras el cuerpo persevera.

30. Ser un discípulo virtuoso: abrazar la justicia y la devoción evitando la corrupción del César

Ten cuidado de no parecerte al César, de no mancharte con sus corruptelas, porque es algo que ocurre con demasiada frecuencia. En su lugar, esfuérzate por ser sincero, virtuoso y genuino. Deshazte de cualquier comportamiento afectado, abrazando la justicia y la devoción a lo divino. Sé amable, cariñoso y trabajador en todo lo que sea noble. Mantente firme en la búsqueda de todas las virtudes que la filosofía te ha enseñado, y procura servir siempre tanto a los dioses como a tus semejantes. Recuerda siempre vivir como discípulo de Antonino, aferrándote a sus rasgos de carácter ejemplares: su constancia, su raciocinio, su espiritualidad, su rostro y comportamiento amables, su desinterés por la fama, su deseo de comprenderlo todo, sus evaluaciones cuidadosas y minuciosas, su capacidad para tolerar las críticas infundadas y respetar las opiniones de los demás, su reticencia a actuar de forma descuidada, su resistencia a los chismes, su aguda conciencia del comportamiento y los modales, su falta de inclinación a criticar o juzgar a los demás, su valor y paciencia, su sentido de la modestia en sus exigencias y su capacidad para contenerse a sí mismo sin depender de ayudas ajenas. Intenta seguir sus pasos para que, cuando se acerquen tus últimas horas, puedas afrontarlas con la misma conciencia tranquila que él.

31. Despertar a la realidad: El poder de la perspectiva para distinguir los sueños de la vida

Vuelve a la realidad y espabila. Una vez que te despiertes y te des cuenta de que no eran más que simples sueños que te perturbaban, mira a tu alrededor de la misma manera que veías esos sueños.

32. La paradoja del control: Navegar por los límites del alma y del cuerpo

Estoy formado por un cuerpo físico y un alma. Mi cuerpo físico es incapaz de distinguir las diferencias entre las cosas, pero mi entendimiento sí. Cualquier cosa que no haya sido creada por mis propias acciones es considerada indiferente por mi entendimiento. Sin embargo, todo lo que es resultado de mis propias acciones está bajo mi control. Aunque, sólo aquellas acciones que se realizan en el presente están verdaderamente bajo mi control. Las acciones de mi mente en el pasado y en el futuro se consideran indiferentes en el momento presente.

33. Abrazar el trabajo dentro de nuestra naturaleza: Comprender la armonía entre el trabajo y el ser humano

No hay nada antinatural en el trabajo de las manos o los pies si cada uno realiza su tarea designada. Del mismo modo, no hay nada intrínsecamente malo en el trabajo de una persona si se ajusta a sus capacidades y deberes como ser humano. Si el trabajo de una persona no entra en conflicto con su naturaleza, no puede considerarse intrínsecamente malo o perjudicial.

34. Explorando el lado oscuro del placer: indulgencias de ladrones, parricidas y tiranos

Cuántos placeres se han permitido ladrones, parricidas y tiranos.

35. La peculiaridad de la razón humana: Comparación con la artesanía

¿No te das cuenta de cómo los artesanos adaptan su trabajo a quienes carecen de destreza en su oficio y, sin embargo, se adhieren a los principios de su oficio y se niegan a desviarse de él? ¿No es curioso que los arquitectos y los médicos muestren más respeto por los principios de sus respectivas profesiones que los humanos por su propia razón, compartida con los dioses?

36. Perspectiva en el Universo: De la montaña Athos a las serpientes venenosas

Asia y Europa no son más que rincones del vasto universo, mientras que todos los mares no son más que gotas en su infinita extensión. Incluso el gran monte Athos no es más que un pequeño terrón en el gran esquema de las cosas. En cuanto al tiempo presente, no es más que un momento fugaz en la inmensidad de la eternidad.

Todas las cosas, grandes o pequeñas, están sujetas al cambio y a la impermanencia. Todas proceden del mismo poder universal, directa o indirectamente. Así, incluso las feroces fauces del león, el veneno de las serpientes y hasta las cosas dañinas como las espinas y el barro no son más que subproductos de lo magnífico y espléndido.

Por tanto, no los confundas con algo diferente o inferior a lo que veneras. Más bien, fórmate una opinión justa e imparcial sobre la fuente de todo lo que hay en el universo.

37. La verdad última: ser testigo del presente desvela los secretos de la eternidad

Quien es testigo del presente lo ha visto todo, incluso todo lo que ha ocurrido a lo largo de la eternidad y todo lo que ocurrirá por todos los tiempos. Esto se debe a que todas las cosas están relacionadas y comparten una forma común.

38. La armoniosa danza de la interconexión: Cómo la unidad en el universo crea un entorno más amigable

Considera la interconexión de todo lo que existe en el universo y sus relaciones mutuas. Todas las cosas están relacionadas e interconectadas, y esto crea un entorno amistoso. El movimiento activo, el acuerdo mutuo y la unidad de sustancia son las razones de esta armonía amistosa.

39. Abrazar el cambio: Amor genuino por las personas de tu vida

Adáptate a las circunstancias que se te han presentado y abraza a las personas que han pasado a formar parte de tu vida. Ámalas con sinceridad y autenticidad.

40. El poder interior: Abrazar la racionalidad en el universo

Todo objeto, herramienta o recipiente cumple su propósito y se considera bueno, independientemente de la ausencia de su creador. Sin embargo, en los objetos naturales existe un poder innato que los mantiene unidos y este poder permanece en ellos. Por lo tanto, es esencial mostrar respeto por este poder y creer que, si vives y actúas de acuerdo con su voluntad, entonces tus acciones se alinean con la racionalidad. Este principio también se aplica al universo, ya que todo en él se ajusta al razonamiento.

41. Controle su juicio: El secreto para acabar con la culpa y la hostilidad hacia Dios y los demás

Si crees que las cosas que están fuera de tu control son buenas o malas para ti, inevitablemente culparás a los dioses y odiarás a los responsables de cualquier desgracia o pérdida. Esto es una injusticia porque no deberíamos diferenciar entre cosas indiferentes. Sin embargo, si sólo juzgamos como buenas o malas las cosas que están bajo nuestro control, no hay razón para culpar a Dios o ser hostiles con los demás.

42. Trabajar juntos por un objetivo común: descubrir tu lugar en el universo

Todos trabajamos juntos hacia un objetivo común, algunos intencionadamente y otros sin saberlo. Como dijo Heráclito, incluso cuando estamos dormidos, seguimos contribuyendo al universo. Sin embargo, las formas en que contribuimos difieren. Algunos trabajamos incansablemente para criticar y oponernos a lo que ocurre, pero incluso estos individuos tienen un lugar en el universo. Depende de ti determinar a qué categoría de trabajadores perteneces. Si te alineas con el bien mayor, el amo de todas las cosas te utilizará adecuadamente y te alistará como un valioso cooperador. Evita convertirte en el insignificante y risible verso de la obra de Crisipo.

43. Guerras meteorológicas: La batalla entre los cuerpos celestes por la generosidad de la Tierra

¿Se esfuerzan el Sol y Esculapio por asumir las responsabilidades de la lluvia y la Frutera (la Tierra), respectivamente? Además, ¿cómo contribuyen los distintos astros de forma diferente y, sin embargo, colaboran hacia un objetivo común?

44. La paradoja del destino: ¿confiar en los dioses o tomar las riendas de nuestra vida?

Si los dioses han predeterminado mi destino y los acontecimientos que deben ocurrir en mi vida, entonces confío en su previsión. Es difícil imaginar una deidad que no haga planes. Además, ¿por qué querrían hacerme daño? ¿Qué beneficio obtendrían o qué propósito tendría para el mundo, del que se preocupan?

Sin embargo, aunque los dioses no hayan predeterminado mi vida, al menos han establecido el gran esquema de las cosas. Lo que ocurra como parte de este plan universal, debo aceptarlo con gracia y contentarme con ello. Pero si suponemos que los dioses no tienen ningún control sobre nuestro destino -un pensamiento moralmente repugnante-, entonces no debemos hacerles ofrendas ni rezarles, ni jurar en su nombre. No debemos hacer nada que indique que creemos en su presencia e implicación en nuestras vidas.

Pero si los dioses no determinan nuestro destino, entonces yo puedo determinar mi propio destino. Puedo perseguir lo que es práctico y beneficioso para mí. Y lo que me beneficia es lo que está en armonía con mi naturaleza racional y social. Como ciudadano de Roma, me complace hacer lo que beneficia a mi ciudad y a mi país. Pero como miembro de la humanidad, reconozco que las únicas actividades que merecen la pena son las que benefician al mundo.

45. El efecto dominó del beneficio: cómo la ganancia de una persona puede ayudar al conjunto

No importa lo que le ocurra a cualquier individuo, en última instancia sirve al bien mayor del universo. Esto debería bastar para comprenderlo. Sin embargo, es importante reconocer que lo que es beneficioso para una persona probablemente también lo sea para otras. Ten en cuenta que el término "beneficioso" en este contexto se refiere a cosas que no son ni intrínsecamente buenas ni malas.

46. Romper la monotonía de la vida: Un alegato a favor de la novedad y la diversidad

En el anfiteatro y lugares similares, ver repetidamente las mismas cosas puede hacer que el espectáculo resulte cansino. Lo mismo ocurre con la vida, ya que todo lo que nos rodea es esencialmente igual y procede de la misma fuente. ¿Hasta cuándo?

47. Memento Mori: Reflexiones sobre la vida de los grandes y la importancia de la virtud

Sigue recordándote a ti mismo que personas de todas las clases sociales, de todas las naciones y dedicadas a todo tipo de actividades han dejado este mundo. Imagina que incluso Filisón, Febo y Origanión han partido. Ahora, desplaza tu atención hacia otros grupos de personas. Aventurémonos hacia un lugar donde residen grandes oradores y estimados filósofos: Heráclito, Pitágoras, Sócrates. Recuerda también a los numerosos héroes, generales y dictadores, seguidos de brillantes científicos como Eudoxo, Hiparco, Arquímedes y otros poseedores de agudas habilidades naturales, mentes incontenibles, amor sin límites por el trabajo duro e inclinación a burlarse de la naturaleza impermanente y efímera de la vida humana, como Menipo y similares. Consideremos que todos ellos han fallecido hace mucho tiempo. Pero, ¿qué importa? ¿Qué pasa con aquellos cuyos nombres no se reconocen en absoluto? Hay algo que es particularmente importante: vivir una vida de verdad y justicia, mantener una actitud compasiva incluso hacia los engañosos y los injustos.

48. Emular comportamientos virtuosos: Encontrar la alegría en los que nos rodean

Si quieres sentir alegría, céntrate en las virtudes de quienes te rodean. Fíjate en la productividad de una persona, en la humildad de otra, en la generosidad de un tercero o en los rasgos positivos de un cuarto individuo. No hay nada más satisfactorio que ver las virtudes ejemplificadas en los comportamientos de aquellos con los que convivimos. Por eso, debemos tenerlas presentes y tratar de emularlas.

49. Abrazar la satisfacción: Por qué agradecer el tiempo limitado que tenemos es la clave de la felicidad

No estás descontento, supongo, porque sólo tienes una cierta cantidad de dinero y no trescientos. Del mismo modo, no estés descontento porque sólo puedas vivir un número limitado de años; del mismo modo que te conformas con la cantidad de posesiones que te han sido asignadas, confórmate con la cantidad de tiempo de que dispones.

50. Ir contra la voluntad de la justicia: Encontrar el éxito en medio de la obstrucción

Intentemos convencerles, aunque ello suponga ir en contra de su voluntad cuando se alinea con los principios de la justicia. Sin embargo, si alguien te obstaculiza utilizando la fuerza, encuentra consuelo en la satisfacción y la paz. Aprovecha el obstáculo para ejercitar otra virtud. Es importante recordar que tu intento era condicional y que no pretendías lograr lo imposible. ¿Cuál era tu objetivo entonces? Algo parecido a esto. Pero, logras tu objetivo si no se cumplen las cosas que te motivaron.

51. De la fama a la sabiduría: La percepción del beneficio personal

La persona que desea la fama considera los logros ajenos como beneficio propio, y el individuo que busca el placer sólo valora sus propias experiencias. Sin embargo, quien posee sabiduría percibe sus propias acciones como fuente de bien personal.

52. Liberar el poder de la imparcialidad: Por qué abstenerse de opinar cambia las reglas del juego

Tenemos el poder de abstenernos de formar una opinión sobre un asunto y permanecer imperturbables en nuestras almas. Al fin y al cabo, las cosas no poseen intrínsecamente la capacidad de moldear nuestros juicios.

53. La empatía en acción: Dominar el arte de la escucha activa

Acostúmbrate a escuchar activamente a los demás e intenta ponerte en su lugar.

54. El peligro de la acción individual: Cómo afecta a toda la colonia de abejas

Lo que es perjudicial para el colectivo también lo es para cada abeja individual.

55. La importancia del respeto: cómo la desobediencia pone en peligro vidas en el mar y en la medicina

Si los marineros maltrataran al timonel, o los enfermos faltaran al respeto al médico, ¿harían caso a alguna otra autoridad? ¿Cómo puede el timonel garantizar la seguridad de los que están a bordo del barco, o el médico mantener el bienestar de sus pacientes si no se les respeta y escucha?

56. Sobrevivir al tiempo: Reflexiones sobre los que hemos perdido en el camino

Muchos de los que vinieron al mundo conmigo ya no están aquí.

57. El poder de la falsa opinión: Comparación con la miel amarga y el miedo al agua

El amargo sabor de la miel para los ictéricos y el miedo al agua en los mordidos por perros rabiosos, son comparables al deleite que los niños pequeños encuentran en una pelota. Entonces, ¿por qué me enfado? ¿Crees que una opinión falsa tiene menos poder que la bilis en un ictérico o el veneno en alguien mordido por un perro rabioso?

58. Desata tu naturaleza racional: Vivir sin límites en armonía con el Universo

Nadie te impedirá vivir de acuerdo con tu propia naturaleza racional, y no se te ocurrirá nada que vaya en contra de la racionalidad del universo.

59. La búsqueda de una compañía deseable: Las aspiraciones de los hombres y el paso del tiempo

¿Qué tipo de individuos aspiran a satisfacer los hombres y por qué? ¿A través de qué acciones pretenden conseguirlo? Además, ¿con qué rapidez oscurecerá el tiempo todos los acontecimientos, y cuántos ha oscurecido hasta ahora?

LIBRO 7

— Sé amable, sé virtuoso, sé pacífico

Mantente fiel a tus creencias, pues la maldad es familiar. Tu valor está en tus afectos, así que piensa bien lo que dices. Haz lo mejor que puedas con lo que tienes, y confía en ti mismo y estate en paz con el futuro incierto. Recuerda que todo lo físico desaparecerá, pero lo abstracto será absorbido por el universo. Deja que tus acciones sean naturales o tengan sentido, ya que todo es inestable. Difunde bondad y resístete a cambiarte para encajar porque la comprensión aporta comodidad. La felicidad proviene de conocer tu lugar y ser virtuoso. La muerte y el cambio son naturales, así que aprende a dejar ir y perdonar. Céntrate en el presente, sé amable y vive el presente. Actuar con virtud es noble, así que lucha por lo que es justo y aprecia la belleza. Todo es cíclico, y podemos aprender del pasado para hacer del mundo un lugar mejor. Mantente positivo y decidido, y lucha por la excelencia.

1. El ciclo interminable de la "maldad" reconocible: De la Edad Media a nuestro mundo moderno

¿Qué significa "maldad"? Es lo que te has encontrado muchas veces antes. Por tanto, siempre que ocurra algo, recuerda que es algo que ya has visto antes. Encontrarás las mismas cosas por todas partes, igual que en los viejos libros de historia de la Edad Media e incluso hoy en día. Estas cosas pueden verse en ciudades y hogares, incluso ahora. No hay nada fresco ni novedoso; todas las cosas son reconocibles y temporales.

2. Recuperar el control: Mantén tus principios encendidos y mantente firme en tu mentalidad

¿Cómo pueden morir nuestros principios si no se apagan los pensamientos que se alinean con ellos? Está en tu mano mantener esos pensamientos encendidos. Puedo tener la opinión adecuada sobre cualquier cosa, así que ¿por qué debería alterarme algo? Las cosas externas no influyen en mi estado de ánimo. Si mantienes esta mentalidad, te mantendrás firme. Tienes el poder de recuperar tu vida. Empieza por mirar las cosas con el mismo prisma que antes. Así recuperarás el control de tu vida.

3. Distracciones, humor y valor: Abrazar las actividades triviales de la vida

Las actividades triviales de entretenimiento, las representaciones teatrales, los grupos masivos de ovejas y ganado, las perforaciones con lanzas, el lanzamiento de huesos a perros pequeños, el esparcimiento de migas de pan en estanques de peces y las actividades diligentes de hormigas y bestias de carga, incluyendo el correteo de ratones asustados y la manipulación de marionetas con hilos, todo esto es lo mismo. Por lo tanto, es tu obligación mostrar buen humor durante tales distracciones en lugar de mostrar altanería, reconociendo al mismo tiempo que el valor de una persona es equivalente al valor de las actividades que elige.

4. Dominar el arte de la observación y la escucha activas: Claves para comprender objetivos y representaciones

Cuando entable una conversación, preste mucha atención a lo que se dice. Al observar una acción, tome nota de lo que se hace. En el primer caso, haga un esfuerzo consciente por comprender el objetivo. En el segundo, concéntrese en lo que se representa.

5. Utilizar la naturaleza universal: El desafío del éxito en las tareas

¿Tengo la comprensión necesaria para esta tarea? Si la tengo, la utilizaré como una herramienta que me ha otorgado la naturaleza universal. Sin embargo, si mi comprensión es insuficiente, me retiraré de la tarea y permitiré que alguien más capaz se haga cargo, a menos que haya una razón de peso por la que no deba hacerlo. Alternativamente, haré todo lo posible para llevar a cabo la tarea con la ayuda de alguien que, con la guía de mis valores fundamentales, pueda completarla de forma beneficiosa para la sociedad. En última instancia, cualquier cosa que yo o cualquier otra persona podamos lograr debe centrarse únicamente en lo que es beneficioso y relevante para la sociedad.

6. De la fama al olvido: Las historias no contadas de celebridades olvidadas y perdidas

¿Cuántos individuos que en su día celebraron la fama han caído en el olvido con el paso del tiempo? A la inversa, ¿cuántas personas que celebraron la fama de otros han fallecido?

7. Conquistar tus batallas con ayuda: Por qué la ayuda no debe producir vergüenza

No te avergüences de recibir ayuda, pues tu deber es como el de un soldado que ataca una ciudad. Si no puedes subir solo a las almenas debido a un impedimento físico, aún es posible hacerlo con la ayuda de otra persona.

8. Abrazar el futuro con valentía: El enfoque racional para afrontar lo desconocido

No dejes que el futuro desconocido te inquiete, ya que lo afrontarás, cuando sea necesario, equipado con el mismo enfoque racional que utilizas para las circunstancias presentes.

9. El vínculo sagrado: cómo todo en el Universo está interconectado

Todo está interconectado, y este vínculo es sagrado. Prácticamente, no hay nada totalmente separado de otra cosa. Todas las cosas se han unido en coordinación y se combinan para dar forma al mismo orden del universo. Sólo hay un universo que comprende todas las entidades, y un dios lo impregna todo. Además, hay una sustancia, una ley y una razón compartida que se aplica a todas las criaturas inteligentes, y una verdad. Si efectivamente existe una excelencia para todos los animales del mismo linaje que comparten esta razón común.

10. Desvanecimiento en el infinito: La naturaleza efímera de los reinos físico, causal y de la memoria

Todas las cosas físicas acaban disolviéndose en la totalidad de la existencia; y toda causalidad es rápidamente absorbida por la racionalidad universal, y todos los recuerdos son rápidamente sumergidos por el paso del tiempo.

11. Equilibrio entre racionalidad e instinto: exploración de acciones naturales y razonables

Para un ser racional, la misma acción puede considerarse tanto natural como razonable.

12. Elegir la rectitud: La clave para una vida plena

Sé recto, o vuélvete recto.

13. El poder de la colaboración: Asumir nuestro papel como miembros del sistema humano

Al igual que los miembros de un cuerpo unificado, los seres racionales individuales también están diseñados para cooperar. Puedes comprenderlo mejor recordándote a ti mismo que formas parte del sistema de los seres racionales. Pero, si sólo te ves a ti mismo como un componente de este sistema, entonces todavía no amas verdaderamente a los demás. No experimentas la alegría de la bondad por sí misma y sólo la ves como una cuestión de decoro, en lugar de hacer el bien por ti mismo.

14. El poder de la percepción: Cómo ver los acontecimientos externos de forma diferente puede ayudarte a controlar tus pensamientos

Los acontecimientos externos pueden afectar a las partes de mí que pueden sentir, y si esas partes se ven afectadas, pueden optar por quejarse. Sin embargo, si no veo estos acontecimientos como negativos, no me perjudican y tengo el poder de controlar mis pensamientos.

15. Mantenerse virtuoso: el camino de las esmeraldas

No importa lo que hagan o digan los demás, debo seguir siendo virtuoso. Es como las gemas de oro, esmeralda o púrpura que siempre lo afirman. Debo ser como una esmeralda y conservar mi color puro, independientemente de las acciones o palabras de los demás.

16. Mente inquebrantable: El secreto del alma intrépida para alcanzar la serenidad

La mente no se perturba a sí misma; ni se asusta ni se causa dolor. Sin embargo, si alguien puede asustarla o herirla, que lo haga. Porque la mente no se transformará en esos estados sin una influencia externa. Dejemos que el cuerpo se ocupe de mantenerse ileso y comunicativo si es necesario. Sin embargo, el alma, que puede experimentar el miedo y el dolor y tiene un control total sobre la creación de opiniones sobre ellos, nunca sufrirá por participar en tales pensamientos. El principio rector dentro de la mente no quiere nada a menos que lo desee, y eso es lo que la hace serena y desinhibida, si no se perturba ni se obstaculiza a sí misma.

17. Desterrar la imaginación: La búsqueda de la felicidad sin adulterar

La felicidad, o eudaemonia, es una fuerza positiva. Entonces, ¿por qué estás aquí, imaginación? Por favor, vete, como viniste, por la gracia de los dioses, porque ya no te necesito. Sin embargo, persistes en tus viejas costumbres. No estoy molesto contigo, pero por favor vete.

18. La necesidad de aceptar el cambio: Del baño a los resultados beneficiosos

¿Hay alguien que tema el cambio? ¿Qué puede ocurrir sin él? ¿Hay algo más adecuado o agradable al orden natural? ¿Puedes incluso bañarte sin que la madera se transforme? ¿Puede uno mantenerse sin que los alimentos sufran alteraciones? ¿Sería posible conseguir cualquier otro resultado beneficioso sin cambios? ¿No ves que es tan necesario para ti aceptar el cambio como para todo el universo?

19. Cabalgando el torrente universal: cómo el tiempo lo consume todo - Reflexiones a partir del versículo 23, capítulo 6, versículo 15

Todos los cuerpos son arrastrados por un torrente furioso de sustancia universal, naturalmente unidos y cooperando con el todo, como las partes de nuestro propio cuerpo. El tiempo ya se ha tragado a innumerables filósofos como Crisipo, Sócrates y Epicteto. Consideremos esta misma inevitabilidad con cada persona y cada cosa.

20. Mantener la naturaleza humana: Evitar acciones y momentos inadecuados

Lo único que me preocupa es la posibilidad de actuar de forma contraria a la constitución de la naturaleza humana, ya sea por medios indebidos o en un momento inadecuado.

21. Renovación lingüística: Afinar un olvido inminente

Tu olvido de todas las cosas está cerca, así como el olvido de ti por parte de todos.

22. Amor incondicional: Perdonar los errores de la familia

Es extraño cómo los seres humanos pueden amar incluso a quienes cometen errores. Esto ocurre cuando reconoces que son de tu familia y que actuaron por ignorancia o sin querer. Todos moriremos algún día, así que ¿por qué guardar rencor? Lo más importante es que la persona que te hizo daño no perjudicó tu capacidad de tomar buenas decisiones.

23. La fuerza transformadora de la sustancia omnicomprensiva de la naturaleza

El poder natural de la sustancia que todo lo abarca adopta diversas formas, parecidas a la cera, transformándose de caballo en árbol, luego en humano y, finalmente, en otra entidad, con una existencia efímera para cada ser. Sin embargo, la desintegración del recipiente no es un agravio, del mismo modo que su configuración inicial no fue laboriosa.

24. Más allá del atractivo: Los peligros de fruncir el ceño con frecuencia y la pérdida de justificación para vivir

Una expresión de ceño fruncido es totalmente antinatural; cuando se adopta con frecuencia, provoca la pérdida de todo atractivo, extinguiéndolo finalmente por completo, para no volver a reavivarse jamás. Este mismo hecho sugiere que no es razonable. Si la conciencia del mal deja de existir, ¿qué justificación hay para seguir viviendo?

25. La renovación incesante de la naturaleza: Gobernar y cambiar el mundo

La naturaleza lo gobierna todo y cambia constantemente lo que vemos. Crea cosas nuevas a partir de la sustancia de las existentes para que el mundo pueda renovarse siempre.

26. El poder de la perspectiva: cómo comprender a los demás puede ayudarte a perdonar y a empatizar

Cuando alguien te agravie, tómate un momento para contemplar su perspectiva sobre lo que está bien o mal. Comprenderlo te permitirá sentir empatía en lugar de conmoción o ira. Al fin y al cabo, o compartes con ellos la misma opinión sobre lo que es bueno o malo, o tienes otra perspectiva similar. En ese caso, deberías perdonarles. Pero si no estás de acuerdo con sus opiniones, puedes ser comprensivo y amable con alguien que puede estar equivocado.

27. Abraza lo que tienes: El arte de apreciar sin apego

No te centres en lo que te falta, sino en lo que posees. Selecciona las cosas más bellas entre ellas, y considera cuánto las desearías si no las tuvieras ya. Sin embargo, ten cuidado de no enamorarte demasiado de ellas, lo que te llevaría a sobrestimar su valor y a sentirte inquieto si las perdieras.

28. Descubra la paz interior: Libera el poder de la racionalidad que hay en ti

Ve hacia tu interior. El principio racional que gobierna tiene una disposición natural a encontrar satisfacción en hacer lo que es justo, alcanzando así la paz interior.

29. Dominar el arte de dejar ir: Abrazar el momento presente y controlar lo que está a nuestro alcance

Elimine los pensamientos fantasiosos. Deja de intentar controlar situaciones que escapan a tu control. Concéntrese únicamente en el momento actual. Obtenga una comprensión clara de los acontecimientos que le afectan a usted o a los demás. Clasifique todos los objetos según su causa o su composición material. Considere su propia mortalidad. Permita que las repercusiones de las malas acciones de una persona permanezcan donde se produjo el daño.

30. Descubrir las intenciones: La importancia de las palabras y los actos

Concéntrese en las palabras pronunciadas. Comprender las acciones y los actores que las protagonizan.

31. El poder de la modestia: Seguir a Dios y respetar la ley en un mundo complejo

Abraza la sencillez y la modestia, permaneciendo indiferente a todo lo que se encuentra entre la virtud y el vicio. Ama a toda la humanidad y sigue fielmente a Dios. Como dijo un poeta, la ley lo gobierna todo, y es crucial recordar que la ley reina suprema.

32. Transformación o cesación: El resultado inevitable de la muerte

En cuanto a la muerte, tanto si implica dispersión, atomización o aniquilación, en última instancia da lugar a la cesación o a la transformación.

33. Soportar el dolor: el consuelo de la mente y la rebelión del cuerpo

El dolor es algo curioso. Mientras que un dolor insoportable puede debilitarnos y abrumarnos, soportar el dolor durante un periodo prolongado puede ser más tolerable. Durante esos momentos, nuestra mente encuentra consuelo volviéndose hacia su interior, manteniendo la tranquilidad y preservando la integridad de nuestra fuerza de voluntad. Sin embargo, las partes de nuestro cuerpo afectadas por el dolor tienen derecho a opinar si así lo desean.

34. El precio de la fama: Desvelando las mentes de quienes la buscan

En cuanto a la fama, examina la mentalidad de quienes luchan por alcanzarla. Fíjate en sus características, en lo que evitan y en lo que persiguen. Ten en cuenta que, al igual que la arena oculta las capas que hay bajo ella, los acontecimientos posteriores de la vida pronto enmascararán los que los precedieron.

35. La paradoja de una mentalidad elevada: Por qué Platón cree que la muerte no es negativa

Platón dijo una vez: "Una persona con una mentalidad elevada, que percibe toda la existencia a través de la historia y la sustancia, ¿puede considerar verdaderamente que la vida humana es digna de mención? No, esto es imposible", comentó. "Así, esta persona creerá que la muerte no es un suceso negativo". En absoluto.

36. La virtud real: el poder de hacer el bien en medio de la adversidad - Reflexiones de Antístenes

Antístenes dijo: "Uno demuestra verdadera realeza haciendo el bien incluso cuando se enfrenta al abuso".

37. Mente que domina el semblante: El equilibrio esencial para la autorregulación

El semblante debe obedecer y regularse a sí mismo según las indicaciones de la mente, mientras que la mente no debe regularse a sí misma. Este comportamiento es esencial.

38. Dejar ir el equipaje emocional: Por qué es inútil preocuparse por asuntos irrelevantes

Es innecesario preocuparse por cosas que no afectan a nuestras emociones.

39. Difundir la alegría: Complacer a los dioses inmortales y a nosotros mismos

Llevemos la alegría tanto a los dioses inmortales como a nosotros mismos.

40. Cosechar la vida: El ciclo del nacimiento y la muerte

La vida debe cosecharse como el maíz maduro. Una persona nace, otra muere.

41. La razón de la indiferencia de los dioses hacia mí y mis hijos

Si los dioses no se preocupan por mí y mis hijos, debe haber una razón para ello.

42. El poder de la bondad y la justicia: Un descubrimiento personal

Estoy en posesión de la bondad y la justicia.

43. Serenidad Estoica: Dominar el control emocional y la resiliencia

No hay necesidad de unirse a otros en su lamento afligido, ni de exhibir ningún arrebato intenso de emociones.

44. La falacia del talento: La respuesta de Platón a la prioridad del riesgo sobre la moralidad

Según Platón, respondería a este hombre diciéndole: te equivocas si crees que un individuo de talento sólo debe considerar el riesgo de vida o muerte, en lugar de centrarse en si sus acciones son justas o injustas, o si está ejemplificando cualidades de una buena o mala persona.

45. Afrontar la muerte con honor: La importancia del deber y la lealtad

Porque la verdad del asunto, caballeros de Atenas, es que dondequiera que un hombre se haya posicionado o le haya sido asignado por un comandante como el lugar más ventajoso para él, debe permanecer allí y afrontar el riesgo sin considerar la muerte o cualquier otro resultado, en lugar de ser deshonroso desertando de su deber.

46. De la supervivencia a vivir lo mejor posible: un examen de nobleza y bondad

Mi querido amigo, consideremos si la nobleza y la bondad son distintas de la mera supervivencia. No es prudente detenerse en la duración de la vida de un verdadero hombre, pues ésta no debe ser nuestra principal preocupación. No debemos aferrarnos a la vida, sino confiar nuestro destino a lo divino y aceptar la sabiduría de las mujeres que nos recuerdan que el destino es ineludible. En lugar de ello, centrémonos en cómo podemos vivir nuestra mejor vida en el tiempo que se nos ha concedido.

47. Viajar con las estrellas: Una reflexión purificadora sobre los intercambios de la naturaleza

Observa el curso de las estrellas como si viajaras con ellas. Además, contempla los intercambios de los elementos naturales entre sí. Tales reflexiones purifican las impurezas de la existencia terrenal.

48. Desde un punto de vista más elevado: La humanidad a través de Platón

Platón dijo una vez: "Cuando se habla de la humanidad, hay que observar los asuntos terrenales como desde un punto de vista superior. Esto incluye examinar asambleas, ejércitos, trabajos agrícolas, matrimonios, tratados, nacimientos, muertes, la conmoción de los tribunales, páramos vacíos, diversas naciones de bárbaros, celebraciones, ocasiones luctuosas, mercados, y una mezcla de todo tipo de situaciones y mezclas armoniosas de opuestos."

49. Examinar 40 años o 10.000: Predecir futuros cambios políticos

Piense en el pasado: ha habido inmensos cambios políticos. También puede anticipar lo que está por venir, ya que es probable que siga un patrón similar. Es probable que las cosas sigan como hasta ahora. Por lo tanto, examinar la vida humana durante cuarenta años es como examinarla durante diez mil años. Porque, ¿qué más queda por ver?

50. Orígenes celestes: Explorando el regreso a casa de los elementos celestes

Lo que procede de la tierra, vuelve a ella. Sin embargo, lo que procede del cielo, vuelve a sus orígenes celestes. Esto puede explicarse por la separación de átomos o la dispersión de sustancias sin vida con propiedades comparables.

51. Refrescos celestiales y trucos astutos: Alterar el destino para evitar finales trágicos

Con deliciosos refrescos y astutos trucos mágicos, pretendemos alterar el curso del destino y evitar un trágico final. La brisa celestial con la que hemos sido bendecidos, la soportaremos y trabajaremos diligentemente sin quejarnos.

52. La verdadera medida de la excelencia: Algo más que derrotar al adversario

Otra persona puede sobresalir en la derrota de su oponente, pero no es necesariamente más afable, humilde, preparada para afrontar cualquier reto o más comprensiva con los defectos de su prójimo.

53. Intrépido y productivo: aprovechar la lógica universal de dioses y humanos para alcanzar el éxito

Siempre que podamos realizar una tarea de acuerdo con la lógica universal tanto de los dioses como de los humanos, no tenemos nada que temer. Si nos dedicamos a actividades productivas que se alinean con nuestras capacidades naturales y nuestra constitución, podemos establecer con confianza que no nos ocurrirá ningún daño. Por lo tanto, no tenemos por qué temer nada que nos beneficie mediante acciones exitosas y compatibles.

54. Cómo empoderarse para abrazar la piedad y la justicia: El arte de la reflexión consciente

Siempre tienes el poder de aceptar tu situación actual con piedad y tratar a los que te rodean con justicia. Además, puedes examinar hábilmente tus pensamientos para evitar que los no examinados se apoderen de ti en cualquier momento y lugar.

55. Sigue tu naturaleza: La clave de la racionalidad y la interacción social

No te fijes en la moral y los valores de los demás, sigue tus propios instintos naturales. Presta atención al modo en que ocurren las cosas en tu entorno y a las acciones que debes emprender en función de tu propia naturaleza. Cada ser debe actuar de acuerdo con sus características únicas, y todo lo demás ha sido creado para servir a los seres racionales. Del mismo modo, entre las cosas inferiores, el propósito es servir a las criaturas superiores, pero cuando se trata de seres racionales, existen para servirse unos a otros.

El principio más importante que rige la naturaleza humana es la interacción social. Además, no debemos ceder a las exigencias de nuestro cuerpo. Es responsabilidad de nuestro intelecto gobernar nuestras acciones, y nunca debe dejarse dominar por nuestros sentidos o apetitos porque ambos están impulsados por instintos animales. El intelecto asume el dominio, ya que está diseñado para utilizarlos todos. Por último, los seres racionales deben esforzarse por estar libres de errores y engaños. Por tanto, si nuestra brújula moral se atiene a estos principios, estaremos en el buen camino.

56. Vivir en armonía con la inevitabilidad de la muerte: Una guía para encontrar propósito en la vida

Considérate ya fallecido y habiendo vivido tu vida hasta este momento. Vive de acuerdo con la naturaleza el tiempo que te quede.

57. Amor predestinado: Abraza lo que teje el destino

Ama sólo lo que el destino te depare y esté entretejido en la trama de tu destino. ¿Qué podría ser más apropiado?

58. Sé dueño de tu destino: Deshazte de las distracciones externas y elige el crecimiento personal

Ante cualquier situación, recuerda a quienes pasaron por lo mismo y cómo reaccionaron, a menudo con frustración y críticas. Pero, ¿qué fue de ellos? En nada. Entonces, ¿por qué ibas a seguir sus pasos? En lugar de dejarte atrapar por distracciones externas, céntrate en cómo sacar el máximo partido de las circunstancias que tienes a mano. Al hacerlo, no sólo las manejarás con facilidad, sino que también las utilizarás como trampolines para el crecimiento personal. Da prioridad a tus propias acciones y comprométete a ser una persona virtuosa en todo lo que hagas. Recuerda...

59. En busca de la bondad: Desbloquear el Flujo Interminable Interior

Mira en tu interior. La fuente de la bondad está en lo más profundo de tu ser y fluirá perpetuamente si sigues escarbando.

60. Elegancia sin esfuerzo: La importancia del movimiento y la postura naturales

El cuerpo debe ser aerodinámico y mostrar un movimiento y una postura suaves y naturales. Es importante que el cuerpo refleje la inteligencia y la corrección que se expresan en el rostro. Sin embargo, esto no debe hacerse de forma artificial o artificiosa.

61. Dominar los retos de la vida: El enfoque del luchador

El arte de vivir se parece más al de un luchador que al de un bailarín, ya que debe estar preparado y firme para afrontar retos repentinos e imprevistos.

62. Atentos a la aprobación de quién: Evitar la ofensa y las influencias cuestionables

Ten siempre presente la aprobación de quién buscas y sus creencias morales. De este modo, no juzgarás a quienes te ofenden sin querer, ni buscarás la aprobación de aquellos cuyos pensamientos y deseos son cuestionables una vez que comprendas su razonamiento.

63. El déficit de verdad y virtud: Una visión filosófica de la compasión

El filósofo postula que todo individuo está intrínsecamente privado de la verdad. Esta carencia se extiende también a otras virtudes, como la justicia, la templanza, la benevolencia, etc. Es crucial recordar siempre este hecho. Hacerlo te llevará a ser más compasivo con todos los que te rodean.

64. Conceptos erróneos sobre el dolor: cómo navegar por él y superarlo

Recuerda, en momentos de dolor, que no es deshonroso ni mancha tu inteligencia. No influye en tu racionalidad ni en tu sociabilidad. Ten en cuenta las sabias palabras de Epicuro de que la mayor parte del dolor no es insoportable ni eterno. Tienen límites y no deben ser amplificados por tu imaginación. Además, es vital reconocer que numerosas sensaciones desagradables no se consideran dolor, como la somnolencia, la sensación de sobrecalentamiento y la falta de apetito. Por lo tanto, cuando te sientas insatisfecho con estas cosas, recuérdate a ti mismo que no sientes dolor físico.

65. El peligro de imitar comportamientos inhumanos hacia los humanos

Ten cuidado de no tratar a los inhumanos como tratan a los humanos.

66. La búsqueda del alma: comparación del carácter de Telauges y Sócrates

¿Cómo podemos determinar si Telauges era inferior a Sócrates en carácter? No basta con considerar que Sócrates tuvo una muerte más noble, debatió más hábilmente con los sofistas, soportó mejor las noches frías, o incluso que se negó a arrestar a León de Salamina y se pavoneaba de sí mismo en público -aunque este último punto es cuestionable-. Más bien deberíamos explorar la naturaleza del alma de Sócrates y determinar si se contentaba con ser justo con los demás y piadoso con los dioses. No se dejaba afectar indebidamente por la maldad de los demás, ni se convertía en esclavo de la ignorancia de nadie. No veía nada de lo que le ocurría como inusual, ni lo consideraba insoportable. No permitía que su mente se dejara influir por los sufrimientos de su cuerpo físico.

67. El Poder del Minimalismo: Convertirse en un individuo divino a través del autogobierno y la obediencia a Dios

La naturaleza no ha mezclado tan a fondo la inteligencia con la composición del cuerpo como para que seas incapaz de controlarte y gobernarte a ti mismo y a todo lo que te pertenece. Puedes ser un individuo divino, aunque nadie más lo reconozca. Tenlo en cuenta y recuerda que un enfoque minimalista de la vida suele bastar para alcanzar la verdadera felicidad. No renuncies a la perspectiva de ser libre, humilde, sociable y obediente a Dios simplemente porque hayas abandonado la idea de convertirte en un hábil dialéctico o en un erudito naturalista.

68. Desata el poder que hay en ti: Abraza la tranquilidad en medio del caos y acepta los retos como oportunidades

Está en tu mano vivir libre y tranquilo, sin coacciones, aunque el mundo entero se te oponga y aunque las fieras ataquen el cuerpo que te recubre. La mente puede mantener su estado tranquilo, teniendo la capacidad de juzgar con justicia todas las cosas que la rodean y utilizando con facilidad los objetos que se le presentan. El juicio de la mente debe ver la sustancia de una cosa, independientemente de cómo la perciban los demás, mientras que su uso debe identificar aquello que se busca. Todo lo que se presenta como material para la virtud, ya sea racional o política, se convierte en una oportunidad para ejercer el arte, ya sea humano o divino. Pues todo lo que sucede tiene relación con Dios o con el hombre, y ofrece materia habitual y adecuada para trabajar. Así pues, nada es nuevo ni desafiante de tratar.

69. Desbloquear un carácter moral fuerte: Vivir cada día con autenticidad

La clave para tener un carácter moralmente sólido es vivir cada día como si fuera el último, sin exaltarse demasiado, ser insensible o fingir ser alguien que no eres.

70. La paciencia de los dioses inmortales: Mantener a los mortales defectuosos hasta que se cansan de tolerar

Los dioses inmortales no se sienten vejados a pesar de tener que tolerar durante mucho tiempo a seres humanos imperfectos, sobre todo a los malos. También se aseguran de que la humanidad esté bien cuidada en todos los aspectos. Sin embargo, como mortal, ¿estás cansado de tener que soportar la carga de la desgracia, sobre todo porque eres uno de los que contribuyen a ella?

71. Evitar nuestros propios defectos: ¿Alcanzable, pero huir de los defectos de los demás? Absurdo

Es absurdo que una persona no evite sus propios defectos, lo cual es alcanzable, sino que intente huir de los defectos de los demás, lo cual es inalcanzable.

72. El complejo de superioridad de las facultades racionales y sociales: La definición de la inteligencia y las normas sociales

Las facultades racionales y sociales, por su propia naturaleza, consideran inferior todo lo que no alcanza la inteligencia y los estándares sociales.

73. La trampa de buscar una tercera recompensa: Por qué las buenas acciones deben hacerse desinteresadamente

Una vez que has realizado una buena acción y alguien se ha beneficiado de ella, ¿por qué sigues buscando una tercera recompensa, como suelen hacer los tontos? Esta tercera recompensa podría ser el reconocimiento por realizar una buena acción u obtener algo a cambio. Sin embargo, tales expectativas son innecesarias y equivocadas.

74. La inagotable alegría de compartir: Por qué los regalos útiles nunca pasan de moda

Nadie se cansa de recibir algo útil. Por eso es importante actuar de acuerdo con la naturaleza. Así que no dudes en compartir lo que es útil para los demás, ya que nunca se está demasiado cansado para ofrecer algo que sea útil.

75. La racionalidad del universo: Encontrar la paz y la calma en el conocimiento

El universo se formó por el movimiento de Todo. Sin embargo, todos los acontecimientos que ocurren ahora suceden por causa y efecto o por continuidad. También es posible que incluso los acontecimientos más significativos guiados por el poder gobernante del universo no estén impulsados por principios racionales. Recordar este hecho puede aportarte más paz y calma en muchas situaciones.

LIBRO 8

— Vivir en armonía con la naturaleza

Tome las riendas de su vida y encuentre la verdadera satisfacción viviendo de acuerdo con los principios de la naturaleza. Céntrate en lo que realmente deseas y piensa si tus acciones beneficiarán a los demás. Acepta el cambio y aprovecha cada obstáculo como una oportunidad para realizar actividades que se ajusten a tu propósito humano. Todo en la existencia tiene un propósito, así que mira las cosas de forma holística para encontrar el equilibrio. Habla con respeto y humildad, y confía en que tus acciones acabarán beneficiando a la humanidad. No temas la incesante transformación del universo y acepta que todas las cosas son impermanentes. Valora la temporalidad de la vida y no seas demasiado duro contigo mismo cuando las cosas no salgan como habías planeado. Tienes el poder de liberar tu potencial divino y actuar para hacer del mundo un lugar mejor. Así que levántate y haz algo bueno por los demás, acepta las dificultades y elige ser bueno hoy. Tienes la oportunidad de aprovechar al máximo tu tiempo, así que actúa y no te quejes.

1. **Dejar ir el deseo de fama: Cómo encontrar la verdadera felicidad viviendo según tu naturaleza**

Esta reflexión trata de dejar de lado el deseo de fama que no se puede alcanzar viviendo una vida de filósofo, sobre todo si no has vivido así desde tu juventud. Es evidente para muchos, incluido tú mismo, que no eres un filósofo. Has caído en el desorden, lo que dificulta que te ganes esa reputación, y tu estilo de vida actual no lo apoya.

Si realmente te has dado cuenta de esto, deja de preocuparte por lo que los demás piensen de ti. Concéntrate en vivir de acuerdo con tu propia naturaleza. Determina qué es eso y no dejes que nada te distraiga de ello. Ya has experimentado muchos caminos diferentes en la vida sin encontrar la verdadera felicidad, ni en la lógica, ni en la riqueza, ni en la fama, ni en el placer, ni en ninguna otra cosa. Entonces, ¿dónde se encuentra la verdadera felicidad? Se encuentra realizando la naturaleza humana. ¿Cómo puede lograrlo una persona? Teniendo principios que guíen sus pensamientos y acciones.

¿Qué tipo de principios? Los que se basan en el bien y el mal: la creencia de que nada es bueno para los humanos si no los hace justos, templados, fuertes y libres, y que todo lo que haga lo contrario de eso es malo.

2. Maximizar los momentos de la vida: El poder de la autorreflexión y de vivir con propósito

Antes de cada acto, pregúntate: "¿Qué relación tiene esto conmigo? ¿Me arrepentiré?". El tiempo es fugaz y pronto me habré ido. Entonces, ¿qué más deseo? Si mis acciones actuales se alinean con los principios de un ser inteligente y social que se rige por la misma ley que Dios, entonces no necesito buscar nada más.

3. Los verdaderos gigantes de la filosofía: cómo Diógenes, Heráclito y Sócrates superan a los grandes gobernantes del mundo antiguo

Alejandro, Cayo y Pompeyo palidecen en comparación con Diógenes, Heráclito y Sócrates. Estos grandes filósofos tenían un profundo conocimiento de la naturaleza de las cosas, sus causas y sus principios subyacentes, atributos que les servían de base para sus actividades. Por el contrario, Alejandro y los de su calaña estaban agobiados por numerosas responsabilidades y esclavizados a una multitud de preocupaciones.

4. Imparable: Los hábitos masculinos persisten a pesar de las consecuencias explosivas

Ten en cuenta que los hombres seguirán haciendo las mismas cosas a pesar de todo, aunque tú explotaras.

5. Abrazar las leyes del universo: Lecciones de Virtud y Humildad de Adriano y Augusto

El punto principal es: No te perturbes por nada, ya que todo está de acuerdo con las leyes del universo. Muy pronto te volverás insignificante e imperceptible, como Adriano y Augusto. En segundo lugar, centra tu atención en tu trabajo y ten presente que es tu responsabilidad ser una persona virtuosa y satisfacer las exigencias de la naturaleza humana. Debes cumplir con tus obligaciones sin desviarte y expresar tus pensamientos con imparcialidad, integridad y humildad, evitando cualquier forma de hipocresía.

6. Abrazar la transferencia universal: Explorar la belleza de la novedad

La finalidad de lo universal es trasladar y transformar las cosas de un lugar a otro. Las mueve de aquí para allá, alterándolas y eliminándolas según sea necesario. Aunque todo en la vida está sujeto al cambio, no hay por qué temer la novedad. Aunque todas las cosas son reconocibles para nosotros, su disposición y organización pueden diferir.

7. Descubrir el camino correcto: Verdad, bien social y naturaleza universal

Todo ser está satisfecho de sí mismo cuando está en el buen camino, y un ser racional está en el buen camino cuando no acepta de buen grado más que la verdad, dirige sus acciones únicamente hacia el bien social, limita sus deseos y aversiones a lo que está bajo su control y acepta todo lo que le asigna la naturaleza universal. Cada naturaleza individual forma parte de la naturaleza universal, como la naturaleza de una hoja forma parte de la naturaleza de la planta. Sin embargo, la naturaleza de la planta carece de percepción y razón, y está sujeta a obstáculos. Por otro lado, la naturaleza humana forma parte de una naturaleza intangible que no tiene obstáculos, comprende y encarna la justicia, y toda distribución se basa en el mérito, el tiempo, la materia, la causa, la actividad y el acontecimiento. Pero es crucial evaluar la totalidad de un objeto y compararla con la de otro objeto individual, en lugar de comparar dos objetos singulares entre sí.

8. Desata tu fuerza interior: Superar la arrogancia y perseguir un propósito superior

Puede que no tengas tiempo o capacidad para leer, pero sí para superar la arrogancia. Puedes elevarte por encima de la búsqueda del placer y la evitación del dolor. Tienes el poder de elevarte por encima del deseo de fama y no dejarte molestar por individuos ignorantes o desagradecidos, tal vez incluso mostrando compasión por ellos.

9. Juicios silenciosos: Los peligros de criticar a los tribunales y la vida personal

No dejes que nadie te oiga criticar más la vida en los tribunales o tu propia vida.

10. La ilusión del placer: por qué el arrepentimiento conduce a la verdadera priorización

El arrepentimiento es una forma de autorreflexión por haber descuidado algo beneficioso. Sin embargo, lo que es verdaderamente bueno debe ser útil, y una persona verdaderamente buena debe darle prioridad. Además, ninguna persona verdaderamente buena se arrepentiría jamás de haber renunciado a un placer sensual pasajero. Así pues, el placer no puede considerarse ni útil ni bueno.

11. El enigma desvelado: Explorando la esencia, composición y existencia del objeto desconocido

¿Qué es exactamente esta cosa en su esencia, en su composición? ¿Qué sustancia y material contiene? ¿Qué forma tiene? ¿Qué papel desempeña en el mundo? ¿Y durante cuánto tiempo seguirá existiendo?

12. El poder de abrazar tus instintos naturales de interacción social por encima del sueño

Cuando te despiertes sintiéndote reacio, recuerda que, para ti, como ser humano, es natural participar en interacciones sociales, mientras que dormir es una actividad común para los animales irracionales. Sin embargo, lo que es natural para cada uno le resulta peculiar, más acorde con su naturaleza y más placentero.

13. Ciencia con alma: Incorporando la Física, la Ética y la Dialéctica a tu Vida Cotidiana

Aplica continuamente, y siempre que sea factible, los principios de la Física, la Ética y la Dialéctica a cada impresión que reciba tu alma.

14. El factor creencia: Cómo comprender los puntos de vista de alguien puede predecir sus acciones y compulsiones

Cuando te encuentres con una persona, pregúntate ¿Cuáles son sus creencias sobre lo que está bien y lo que está mal? Si sus puntos de vista sobre el placer, el dolor, sus fuentes, así como su perspectiva sobre la fama, la vergüenza, la muerte o la vida, coinciden con opiniones específicas, no será sorprendente ni extraordinario que realicen determinadas acciones. Ten en cuenta que las compulsiones pueden guiar su comportamiento.

15. Esperar lo esperado: Un recordatorio tanto para médicos como para timoneles

Ten en cuenta que es de necios asombrarse cuando una higuera da higos, y lo mismo cuando el mundo imparte sus productos habituales. El médico y el timonel no deben estar desprevenidos cuando se enfrentan a la fiebre de un hombre o a vientos desfavorables.

16. El poder de la humildad: Por qué aceptar la corrección es la clave de la libertad

Recuerda que cambiar de opinión y aceptar la corrección es tan importante para la libertad como persistir en el error. Esto se debe a que sigues ejerciendo tu propio albedrío, tomando decisiones basadas en tu propio discernimiento y comprensión. Por tanto, no tengas miedo de admitir que te equivocas y de aprender de los demás. Todo forma parte del camino hacia la verdadera independencia.

17. Elegir la responsabilidad frente a la culpa: Tomar decisiones con propósito

Si tienes el control sobre algo, ¿por qué eliges hacerlo? Pero si alguien más tiene el control, ¿a quién culpas, al azar o a los dioses? Ambas opciones son tontas. No debes culpar a nadie. Si puedes, aborda la causa raíz. Si no puedes, intenta arreglar la situación en sí. Pero si ni siquiera puedes hacer eso, ¿qué sentido tiene quejarse? Al fin y al cabo, todo debería tener un propósito.

18. El ciclo eterno: Cómo la muerte conduce a la transformación y a la integración con el Universo

Lo que ha muerto no abandona el universo por completo. Al contrario, sufre una transformación y se disuelve en sus elementos que forman parte naturalmente del universo y de ti mismo. Estos elementos también cambian con el tiempo, pero en silencio y sin quejarse.

19. Descubrir el propósito de la existencia: ¿Es suficiente buscar el placer?

Todas las cosas tienen un propósito - un caballo, una vid. Entonces, ¿por qué te parece sorprendente? Incluso el sol tiene una razón de ser, al igual que los demás dioses. ¿Y cuál es tu propio propósito? ¿Es simplemente buscar el placer? Considera si esto se alinea con la lógica básica.

20. De las pelotas que rebotan a las burbujas que estallan: Comprender el juego de principio y fin de la naturaleza

La naturaleza considera tanto el principio como el final, como quien lanza una pelota. Por tanto, no hay beneficio en lanzar la pelota hacia arriba, ni daño en que baje, ni siquiera cuando cae. Del mismo modo, ¿qué beneficio tiene una burbuja mientras permanece intacta, y qué daño cuando estalla? El mismo concepto se aplica también a la luz.

21. La fragilidad del cuerpo humano y la insignificancia de nuestras experiencias en la Tierra

Reescrito:

Examinar el cuerpo por dentro y por fuera para comprender su naturaleza, cómo cambia a medida que envejece o cuando se ve afectado por una enfermedad. Tanto el que alaba como el que es alabado, el que recuerda y el que es recordado, tienen vidas cortas. Todo esto ocurre en un pequeño rincón del mundo e incluso aquí hay desacuerdos y conflictos dentro de los propios individuos. Teniendo en cuenta la inmensidad de la Tierra, todo lo que experimentan los seres humanos no es más que una pizca.

22. La virtud del mañana: la importancia de las acciones diferidas para la superación personal

Concéntrate en la tarea que tienes entre manos, ya sea una opinión, una acción o una palabra. Te mereces cualquier consecuencia que surja de tus acciones retrasadas porque priorizas ser mejor mañana en lugar de ser virtuoso hoy.

23. La inspiración divina: La lucha por la mejora de la humanidad

¿Protagonizo alguna acción? Me aseguro de que esté orientada a beneficiar a la humanidad. Si me ocurre algún incidente, lo reconozco y lo dedico a los dioses y a la fuerza primordial que gobierna todos los sucesos. De esta fuente se derivan todos los acontecimientos.

24. Sumergirse en la inmundicia de la vida: Comprender la naturaleza repulsiva de la existencia

Cualquier cosa que te resulte tan repulsiva como bañarte -el aceite, el sudor, la suciedad, el agua sucia- así es la vida y todo lo demás.

25. La naturaleza efímera de la vida: Ser testigo de lo que pasa y lo que perece - Relatos de leyendas y hombres olvidados

Lucilla fue testigo del fallecimiento de Verus y partió poco después. Secunda fue testigo del fallecimiento de Maximus y corrió la misma suerte. Epitynchanus fue testigo del fallecimiento de Diotimus, y también sucumbió. Antonino vio la partida de Faustina, antes de encontrar su fin. Así son las cosas. Celer fue testigo de la muerte de Adriano, antes de morir él mismo.

En cuanto a esos individuos astutos, ya fueran clarividentes o simplemente demasiado confiados, ¿dónde están ahora? ¿Hombres como el agudo Charax, el platónico Demetrio, Eudaemon y otros de su calaña? Todos perecieron hace tiempo. Algunos cayeron rápidamente en el olvido, otros se convirtieron en leyenda. Y otros han desaparecido incluso del reino del mito. Ten en cuenta, por tanto, que nuestro pequeño complejo, nosotros mismos, o bien nos desintegramos, o se extingue nuestro fugaz aliento, o somos transportados a otro lugar.

26. El cumplimiento del deber: el camino del hombre hacia la satisfacción a través de la bondad, la racionalidad y la perspicacia

Un hombre se siente satisfecho cuando cumple los deberes que se esperan de él. Uno de esos deberes es mostrar bondad hacia los demás, hacer caso omiso de los impulsos impulsados por los sentidos físicos, juzgar racionalmente las circunstancias convincentes y comprender el funcionamiento del mundo y los sucesos que en él ocurren.

27. La Trifecta de las Relaciones: Tu cuerpo, lo divino y tu círculo interior

Tienes tres relaciones: una con tu cuerpo físico que te rodea, otra con la fuente divina de la que todas las cosas vienen a todos, y la tercera con los que viven contigo.

28. Potenciar el alma: cómo el dolor puede transformarse en fuerza interior

El dolor puede ser perjudicial para el cuerpo, en cuyo caso el cuerpo puede hablar de sus efectos, o para el alma. Sin embargo, el alma puede controlar su propia calma y paz, y no debe considerar el dolor como una experiencia totalmente negativa. Al fin y al cabo, todos los pensamientos y emociones proceden de nuestro interior, y nada puede ser verdaderamente dañino como para dominar nuestra fuerza interior.

29. Liberar el poder interior: Cómo mantener tu alma libre de negatividad y abrazar la claridad

Elimina las imaginaciones descabelladas recordándote a ti mismo con frecuencia Tengo el poder de impedir que cualquier negatividad, deseo o perturbación entre en mi alma. En su lugar, analizo la verdadera naturaleza de todas las cosas y las utilizo en consecuencia. Recuerda siempre que este poder viene de dentro, me lo ha otorgado la propia naturaleza.

30. El arte de hablar con propiedad: Estrategias para una comunicación clara

Hablar con propiedad, ya sea en el Senado o con cualquier persona, evitando la afectación y utilizando un lenguaje sencillo.

31. El último de su raza: reflexión sobre la extinción del linaje de Augusto

Toda la corte de Augusto, incluidos su esposa, su hija, sus descendientes, sus antepasados, su hermana, Agripa, sus parientes, sus íntimos, sus amigos, Areio, Mecenas, los médicos y los sacerdotes sacrificadores, han perecido. No se trata sólo de la muerte de individuos, sino de la extinción de todo un linaje, como en el caso de los Pompeyos y el sombrío epitafio inscrito en sus tumbas: "El último de su raza". Reflexione sobre los extraordinarios esfuerzos que hicieron las generaciones anteriores para asegurarse un sucesor digno, y la aleccionadora constatación de que un día alguien se convertirá inevitablemente en el último. Considera una vez más la gravedad de la muerte de toda una raza.

32. Ganar el juego de la vida: Cumplir su deber con el máximo esfuerzo y flexibilidad

Tu deber es vivir bien tu vida haciendo cada acto lo mejor que puedas. Si lo has hecho lo mejor que has podido, confórmate y nadie podrá impedirte cumplir con tu deber. Aunque intervengan factores externos, no pueden impedir que actúes con justicia, sobriedad y consideración. Si algo se interpone en tu camino, acepta el obstáculo y estate dispuesto a cambiar tus esfuerzos hacia otra cosa que sea lícita y productiva. Esto te dará una nueva oportunidad de actuar de un modo que esté en consonancia con tus valores y tu moral.

33. Riqueza humilde: El arte de adquirir riqueza y dejarla ir

Adquiere riqueza o prosperidad con humildad, y prepárate para renunciar a ella cuando sea necesario.

34. El poder de volver a conectar: Volver a ser una parte valiosa del colectivo

Si alguna vez has visto una mano, un pie o una cabeza cortados y separados del cuerpo, entenderás la analogía de una persona descontenta que decide distanciarse de la sociedad. Al hacerlo, se separa en cierto modo del orden natural de la unidad. Aunque te hayas desconectado, es importante que recuerdes que fuiste creado por la naturaleza como parte de algo mayor y que tienes el poder de volver a conectar con esa unidad.

Dios ha otorgado a la humanidad la capacidad de reunirse con el todo universal, un don que no se ha concedido a ninguna otra parte desconectada. Es verdaderamente extraordinario considerar la bondad y generosidad de este don. Al abrazar este poder, puedes volver a ser una parte valiosa y necesaria del colectivo, retomando tu lugar y propósito legítimos.

35. Potenciar el ser racional: Convertir los obstáculos en herramientas

A todo ser racional se le han concedido todos los poderes que posee la naturaleza universal, incluido éste. La naturaleza universal puede transformar y anclar en su lugar predeterminado cualquier cosa que la obstruya, asimilando esas cosas a sí misma. Del mismo modo, el animal racional tiene la capacidad de convertir cualquier obstáculo en su propia herramienta y emplearla según lo previsto.

36. Dominar la atención plena: Superar el estrés y vivir el momento presente

No te estreses por toda tu vida. No te agobies pensando en todos los problemas que se te pueden presentar. En lugar de eso, cuando te enfrentes a un problema, pregúntate: "¿Qué hay en esto que sea realmente insoportable?". Te resultará difícil responder. Recuerda también que no es el futuro ni el pasado lo que te causa dolor, sino el momento presente. Sin embargo, este momento puede hacerse más pequeño si te centras en él y regañas a tu mente cuando se esfuerce por sobrellevarlo.

37. La futilidad de sentarse ante la tumba: Por qué obsesionarse con los difuntos es un brebaje repulsivo

¿Se sientan actualmente Panthea o Fergamus junto a la tumba de Verus? Sería absurdo preguntarse si Chaurias o Diotimus están en la tumba de Adriano. Incluso si estuvieran sentados allí, ¿se daría cuenta el difunto de su presencia? E incluso si lo supieran, ¿les causaría placer? Y si estuvieran encantados, ¿les haría inmortales? En última instancia, era inevitable que estas personas envejecieran y acabaran muriendo. Entonces, ¿qué ocurriría después de su muerte? Esta discusión no es más que una repulsiva mezcla de sangre y podredumbre.

38. Agudizar la vista: Los sabios consejos del filósofo para juzgar con acierto

El filósofo nos aconseja mirar y juzgar sabiamente si poseemos una visión aguda.

39. Virtudes y vicios: Una exploración de la templanza en la constitución del animal racional

Al examinar la constitución del animal racional, no encuentro ninguna virtud que sea contraria a la justicia. Sin embargo, sí reconozco una virtud que se opone al amor al placer, y es la templanza.

40. Desbloquear la seguridad total: Deja que la razón sea tu escudo contra el dolor

Si eliminas tu opinión en torno a lo que parece causarte dolor, entonces estarás en completa seguridad. Entonces, ¿qué parte de ti es este yo? Es tu razón. Sin embargo, podrías argumentar que tú no eres tu razón. Eso está bien. En ese caso, que tu razón misma no se moleste. Si alguna otra parte de ti sufre, deja que tenga su propia opinión sobre sí misma.

41. Desbloquear el poder de la mente: Superar obstáculos y alimentar los sentidos

La interferencia con los sentidos es perjudicial para los animales, mientras que los obstáculos a sus deseos son igualmente perjudiciales. Las plantas también pueden verse obstaculizadas por factores externos que limitan su crecimiento. Por extensión, todo lo que obstruye las capacidades intelectuales es perjudicial para la mente humana. Considera estos principios en tu propia vida. ¿Te afectan las sensaciones de dolor o placer? Preste atención a sus sentidos. ¿Te has encontrado con algún obstáculo a la hora de perseguir tus objetivos? Si estuvieras realmente comprometido con la consecución de tu objetivo, entonces esos obstáculos sí serían perjudiciales para tu mente racional. Sin embargo, si reconoces que los obstáculos forman parte inherente de la vida, entonces no te han perjudicado ni entorpecido verdaderamente. A pesar de ello, el intelecto (a diferencia del cuerpo) es impermeable a las fuerzas externas y permanece inalterable, por ejemplo, cuando ha alcanzado un cierto nivel de comprensión, conserva ese nivel.

42. El arte de la autocompasión: Romper el ciclo del dolor

No debería causarme dolor a mí mismo, ya que nunca he querido causar dolor a nadie más.

43. Desbloquear la alegría: Abrazar la diversidad y mantener un estado de ánimo saludable

Cada persona tiene su propia fuente de alegría y, para mí, consiste en mantener un estado de ánimo saludable y aceptar a todas las personas y experiencias sin discriminación. Me acerco a todo con una perspectiva abierta y de aceptación, y aprovecho cada experiencia al máximo.

44. Vivir el ahora: Por qué priorizar el presente es clave para una vida plena

Asegúrate de dar prioridad al momento actual por ti mismo. Quienes se esfuerzan por obtener reconocimiento después de la muerte no se dan cuenta de que las personas del futuro serán como las que ahora les desagradan, ya que todas son mortales. No debe preocuparte lo más mínimo si esas personas del futuro expresan determinados pensamientos o tienen opiniones sobre ti.

45. Encontrar la serenidad en el cambio: Desmontando el mito de la felicidad basada en la ubicación

Llévame donde quieras, pues allí mi esencia divina permanecerá serena y satisfecha, mientras pueda comportarse de acuerdo con su verdadera naturaleza. ¿Acaso el mero cambio de lugar justifica que mi alma se sienta infeliz y degradada, sometida a sentimientos de depresión, ansiedad y miedo? ¿Y qué explicación plausible puede justificar tal estado?

46. El poder de la resistencia: Aceptar el impacto de la naturaleza humana en las luchas de la vida

Cada incidente que le ocurre a una persona es resultado de la naturaleza humana. Un buey sólo puede experimentar lo que es inherente a su naturaleza, al igual que una vid o una piedra. Por lo tanto, si cada cosa encuentra lo que es típico y esperado, ¿por qué habría uno de lamentarse? La naturaleza no trae nada que uno no pueda soportar.

47. Eliminar el juicio: Liberar el poder de superar el malestar y el dolor

Si sientes malestar debido a algo externo, no es el objeto en sí, sino tu propio juicio el que causa la perturbación. Tienes el poder de eliminar este juicio ahora mismo. Del mismo modo, si hay algo en tu disposición que te causa dolor, ¿qué te impide corregir tu opinión al respecto? Y si te sientes dolido por no hacer lo que crees que es correcto, ¿por qué no actúas en lugar de quejarte? ¿Hay algún obstáculo insalvable en tu camino? Si es así, no te aflijas, porque la razón de su incumplimiento no está bajo tu control. Pero si crees que la vida no merece la pena si no alcanzas ese objetivo, márchate feliz de la vida como alguien que ha logrado todo lo que deseaba, aunque se lo impidan los obstáculos.

48. La fuerza inconquistable interior: Descubrir el poder del autocontrol para una vida segura y feliz

Recuerda que la fuerza dominante en nuestro interior es inconquistable. Cuando poseemos autocontrol, estamos contentos con nosotros mismos. Sólo actuamos según nuestras decisiones, aunque nos resistamos por terquedad. Pero cuando tomamos decisiones basadas en la razón y con intención, este poder se hace aún más fuerte. Por lo tanto, una mente libre de emociones es como una fortaleza, que proporciona al hombre el refugio más seguro. Los que aún no se han dado cuenta de esto son ignorantes, mientras que los que lo saben, pero no buscan refugio en esta fortaleza interior son infelices.

49. Dominar el arte de la primera impresión: Cómo atenerse a ellas puede ayudarle a evitar complicaciones innecesarias

Habla sólo de lo que revelen las impresiones iniciales. Si oyes que alguien habla mal de ti, reconoce que lo han dicho, pero no des por sentado que te han hecho daño. Si veo que mi hijo no se encuentra bien, observo el hecho, pero no pienso automáticamente que está en peligro. Por tanto, aténgase siempre a las primeras impresiones y no añada nada de su propia imaginación, y evitará complicaciones innecesarias. Adopte más bien la mentalidad de una persona que conoce bien todo lo que ocurre en el mundo.

50. El magnífico arte de la naturaleza: Cómo transforma lo viejo en algo nuevo sin desperdicio

Si un pepino es amargo, deséchalo. Si hay zarzas en el camino, aléjate de ellas. No te preguntes por qué existen esas cosas en el mundo, pues sólo invitarás al ridículo a quienes entienden la naturaleza, igual que se burlaría de ti un carpintero o un zapatero si criticaras las virutas y recortes de su taller. Sin embargo, estos artesanos disponen de zonas de eliminación para esos residuos, mientras que las magníficas obras de la naturaleza no tienen espacio exterior. Sin embargo, su arte es tan extraordinario que, aunque está constreñida, todo lo que dentro de ella parece marchitarse, envejecer y volverse obsoleto, ella lo transforma en algo nuevo, sin necesidad de recurrir al mundo exterior ni de tener un lugar donde desechar lo que se ha degradado. Se contenta con su propio espacio, sustancia y artesanía.

51. Dominar la paz interior: El poder de la sencillez y la modestia

No seas ocioso en tus acciones, desorganizado en tu conversación, disperso en tus pensamientos, o lleno de conflictos internos o arrebatos externos. Y no estés tan preocupado por la vida que no tengas tiempo para el ocio.

Si otros te hicieran daño, te insultaran o te maldijeran, eso no debería afectar a tu mentalidad pura, sabia, sobria y justa. Al igual que un manantial claro y puro que sigue fluyendo independientemente de que alguien lo maldiga o lo contamine con suciedad, tú también puedes mantener un estado perpetuo de libertad y satisfacción practicando la sencillez y la modestia cada día.

52. La peligrosa búsqueda de un propósito: Navegar por la identidad y la validación en un mundo confuso

Quienes carecen de conocimiento del mundo están perdidos, pues no saben cuál es su lugar en él. Del mismo modo, quienes no comprenden el propósito del mundo, no conocen su propia identidad ni la verdadera naturaleza del mundo. Una persona que no comprende estos conceptos fundamentales no puede definir su propio propósito en la vida. ¿Qué opinas de alguien que busca la validación de personas que ni siquiera se comprenden plenamente a sí mismas o al mundo que les rodea?

53. La paradoja de buscar la aprobación de personas autocríticas

¿Deseas ser alabado por alguien que se regaña constantemente cada hora? ¿Te esforzarías por complacer a alguien que ni siquiera puede complacerse a sí mismo? ¿Puede alguien estar realmente contento consigo mismo si se arrepiente de casi todo lo que hace?

54. Desbloquear el poder del intelecto universal: Sincronización de la respiración más allá del aire

No limites tu respiración a sincronizarte sólo con el aire que te rodea. Por el contrario, permite que tu intelecto se alinee con la inteligencia que lo abarca todo. El poder del intelecto está uniformemente esparcido y presente en todas las cosas, accesible a cualquiera que lo busque, como el aire que respiramos está disponible para cualquiera que pueda inhalarlo.

55. La malvada verdad: cómo ser malo no perjudica a nadie más que a uno mismo

En general, ser malvado no tiene ningún efecto perjudicial en el universo. En concreto, la maldad de una persona no perjudica a otra. El daño sólo afecta a la persona que posee la maldad, y puede liberarse de ella cuando lo desee.

56. El poder de la autonomía: cómo la valoración de su propio libre albedrío le protege de las fechorías de su vecino

Creo que el libre albedrío de mi prójimo no es más significativo para mí que sus atributos físicos como su aliento o su carne, ya que valoro mi propio libre albedrío por encima de todo. Aunque fuimos creados para coexistir, cada uno de nosotros posee su propia autoridad y propósito únicos. De hecho, si no tuviéramos nuestra propia autonomía, las fechorías de mi vecino podrían perjudicarme, y eso no es lo que Dios pretende. Él desea que nuestra felicidad no dependa de las acciones de los demás.

57. Más allá de la dispersión: Cómo entender mejor los rayos del Sol

El sol parece derramar su luz en todas direcciones, pero no se dispersa simplemente. Esta dispersión de la luz es una extensión, y sus rayos se llaman "extensiones" porque se extienden. Se puede entender lo que es un rayo observando la luz solar pasar a través de una pequeña abertura en una habitación oscura. La luz viaja en línea recta y es bloqueada por objetos sólidos, pero permanece fija y no se desvía. Del mismo modo, la mente debe extender su comprensión sin ser enérgica ni impetuosa ante los obstáculos, sino con una iluminación constante. De lo contrario, esos obstáculos impedirán la iluminación.

58. Más allá del miedo: cómo abrazar la muerte puede conducir a una nueva sensación de ser

Los que temen la muerte tienen miedo de perder la sensación o de experimentar otra distinta. Sin embargo, si no tienes ninguna sensación, no sentirás ningún daño. Y si experimentas otra sensación, te convertirás en un nuevo tipo de ser y seguirás viviendo.

59. Elevar a la humanidad: El poder de la educación, la orientación y la compasión

Los seres humanos existen para apoyarse y elevarse unos a otros. Por tanto, debemos educarlos y guiarlos o tener paciencia y compasión hacia ellos.

60. La mente imparable: Navegar hacia los objetivos con confianza

Una flecha y la mente se mueven de formas distintas. Sin embargo, la mente avanza hacia su objeto con una dirección inquebrantable, tanto si actúa con cautela como si explora a través de la indagación.

61. La invasión de la mente: La clave para desbloquear su capacidad de razonamiento

Invade la facultad de razonar de cada hombre, y permite que los demás invadan la tuya.

LIBRO 9

— Potenciar con benevolencia

Tómate un momento para ti mismo y recuerda que la vida es un ciclo de alegrías y penas. Respeta las leyes de la naturaleza, persigue el placer en lugar del dolor, huye del peligro para evitar el pecado y acepta la muerte y lo desconocido. Comprende las consecuencias de los actos injustos, encuentra satisfacción en la voluntad de Dios y despeja tu mente para alinearte con la naturaleza. Empodérate con benevolencia, busca la felicidad a través de la bondad y desahoga tu alma para encontrar la paz. Las acciones hablan más alto que los sentimientos, y una piedra neutra no beneficia ni perjudica. Examinar los propios sentimientos puede ayudar en los conflictos de autopercepción, y el cambio es inevitable. Únete por el bien común y encuentra consuelo en los dioses. Acepta la inevitabilidad de la elección, el examen de uno mismo, la fugacidad de la vida, la carga de la inocencia y el ciclo infinito del universo. Elige la modestia frente a la vanidad, evita lo desagradable y libérate de la opinión. Cuando contemples las complejidades de la vida, céntrate en la intención, aprende a ser manso en un mundo de impudicia y desbloquea tu mente con la oración.

1. La impiedad de actuar injustamente: cómo ir contra la naturaleza universal conduce al desorden

Quien actúa injustamente lo hace impíamente. La naturaleza universal creó a los animales racionales para que se ayudaran unos a otros según su merecimiento, pero no para que se hicieran daño. Por tanto, quien desobedece esta ley es impío ante la divinidad suprema. Del mismo modo, quien miente es impío ante la misma divinidad, ya que la naturaleza universal existe para crear cosas que sean verdaderas. Quien miente intencionadamente actúa injustamente engañando, mientras que quien miente sin querer va contra la naturaleza universal y altera el orden natural del mundo. Esto ocurre porque no pueden distinguir la falsedad de la verdad debido a que no utilizan los poderes que recibieron de la naturaleza.

Además, quien cree que el placer es bueno y el dolor malo, actúa impíamente. Esto se debe a que tal persona culpa erróneamente a la naturaleza universal de asignar cosas contrarias al mérito. A menudo, el malo disfruta del placer y de las cosas que producen placer, mientras que el bueno sufre el dolor y las cosas indeseables. Del mismo modo, cuando alguien teme el dolor o trata de evitar las cosas que ocurrirán en el mundo, también actúa impíamente.

Los que siguen la naturaleza deben ser de la misma opinión, ya que se trata de asuntos que afectan por igual a la naturaleza universal. Es decir, que, para el dolor, el placer, la muerte, la vida, el honor o la deshonra, que la naturaleza universal trata por igual; quien no se vea afectado por igual actúa impíamente. Digo que la naturaleza universal los trata por igual en lugar de decir que suceden por igual a los que nacieron en una serie continua y a los que vinieron después en virtud de cierto movimiento original de la Providencia, según el cual se movió desde cierto principio hasta este ordenamiento de las cosas. Concibió ciertos principios de las cosas que habían de ser, y determinó potencias productoras de seres, cambios y sucesiones semejantes.

2. Encontrar la dicha suprema: Escapar del engaño y la corrupción en la vida y en la muerte

La felicidad suprema de un hombre sería dejar esta vida sin estar manchado por el engaño, la pretensión, la extravagancia y la presunción. Sin embargo, si uno ya se ha saciado de todo eso, lo mejor sería, como suele decirse, marcharse de este mundo.

¿Has resuelto persistir en el vicio? ¿Aún no te ha convencido la experiencia de huir de esta plaga? Porque la corrupción de la mente es un azote, mucho peor que cualquier enfermedad transmitida por el aire que circule a nuestro alrededor. Porque esta contaminación sólo afecta a los animales en cuanto animales, sino que infecta a la humanidad en su esencia.

3. Aceptar lo inevitable: Por qué aceptar la muerte es esencial para una vida plena

No desprecies la muerte, sino acéptala como una de las operaciones necesarias de la naturaleza. Del mismo modo que es natural ser joven, envejecer, madurar, desarrollar rasgos físicos como los dientes y el vello facial, y procrear, también la disolución es una parte natural de la vida. Por lo tanto, es importante que una persona reflexiva no ignore ni se precipite ante la muerte, sino que la considere un proceso natural. Del mismo modo que esperas pacientemente el nacimiento de un hijo, prepárate para que tu alma abandone este cuerpo.

Si necesitas un consuelo adicional para hacer las paces con la muerte, considera las cosas y las personas que dejarás atrás. En lugar de albergar resentimiento hacia los demás, es tu responsabilidad cuidarlos con delicadeza, recordando al mismo tiempo que no te alejarás de quienes comparten tus valores. Esto es lo único que puede hacer que queramos aferrarnos a la vida: la oportunidad de vivir con personas de principios afines. Sin embargo, la realidad es que la discordia entre quienes conviven puede ser una gran fuente de angustia. En tales casos, es aceptable gritar: "Ven pronto, oh Muerte, no sea que me olvide de mí mismo".

4. El daño autoinfligido por la maldad y la injusticia: El efecto karma negativo

Quien actúa mal se está haciendo daño a sí mismo. Del mismo modo, cualquiera que actúe injustamente también se está causando daño a sí mismo porque está creando karma negativo para sí mismo.

5. La injusticia de la inacción: Cómo abstenerse puede ser tan perjudicial como actuar

A menudo, quienes se abstienen de hacer algo pueden ser culpables de actuar injustamente, no sólo quienes cometen activamente un acto injusto.

6. Suficientemente satisfecho: Cómo tus creencias y acciones benefician a la sociedad

Tus creencias actuales se basan en tu comprensión, tus acciones actuales están dirigidas a beneficiar a la sociedad y posees una disposición actual de estar contento con todos los acontecimientos: eso es suficiente.

7. Dominar el autocontrol: El arte de domar la mente y los deseos

Suprima su imaginación; controle sus deseos y extinga su apetito excesivo. Controla tu facultad racional y mantén el control sobre tu propia mente y la toma de decisiones.

8. Un alma, dos seres: La diferencia entre animales racionales y no racionales

Los animales no racionales poseen una sola vida, mientras que los racionales poseen una sola alma inteligente. Esto es comparable al hecho de que todas las criaturas terrestres comparten una misma tierra, una misma luz nos ilumina a todos y todos respiramos el mismo aire, independientemente de que podamos ver o estemos vivos.

9. El encanto de la conexión: El vínculo natural entre los seres y los objetos

Todos los objetos que tienen un rasgo en común se sienten atraídos naturalmente los unos hacia los otros. Los objetos terrestres se sienten atraídos por el suelo, los líquidos fluyen juntos y las sustancias aéreas se comportan de la misma manera, necesitando una fuerza que las mantenga separadas. El elemento fuego, por su parte, se desplaza hacia arriba debido a su naturaleza intrínseca, pero es altamente reactivo con todas las demás formas de fuego, lo que facilita la ignición de materiales secos con menor resistencia. Del mismo modo, las criaturas que comparten una misma naturaleza racional se atraen entre sí. Esta atracción se produce con mayor intensidad a medida que aumenta la medida de superioridad. Esto se observa en las abejas, el ganado y las aves, donde incluso existe alguna forma de amor que les permite unirse y formar grupos. En animales racionales como los humanos, vemos la formación de comunidades sociales, amistades y unidades familiares. También entran en juego la política y la guerra, con tratados y armisticios entre estados-nación. Entre los seres más elevados, aunque estén separados unos de otros, existe una unidad compartida, que se ve claramente en las estrellas. Al ascender a los niveles superiores del ser, se puede inducir esta simpatía humana, incluso entre entidades que de otro modo estarían separadas. Sin embargo, a pesar de esta inclinación natural, los humanos son los únicos seres inteligentes que intentan activamente evitar esta conexión. No obstante, nuestra constitución esencial nos atrae activamente hacia los demás, creando así un vínculo inevitable que es más fuerte que nuestra voluntad. Basta con mirar de cerca para comprobarlo. Las posibilidades de encontrar un objeto desprovisto de algunos atributos terrenales son mayores que las de encontrar a una persona completamente sola.

10. El trío fructífero: los seres humanos, Dios y el universo, potenciados por la razón

Tanto los seres humanos como Dios y el universo dan fruto, y cada uno lo produce en el momento oportuno. Aunque la sociedad ha asociado específicamente estos términos con la vid y plantas similares, no es significativo. La razón da fruto tanto para todos como para sí misma. Además, crea cosas comparables a la propia razón.

11. Romper las barreras: Empodera a los demás y perdona con compasión

Si tienes la capacidad, es aconsejable educar a los que se han descarriado. Sin embargo, si no puedes, recuerda siempre que el perdón es una opción. Los dioses también son indulgentes con estas personas. Incluso pueden ayudarles a conseguir buena salud, riqueza y respeto, de tan compasivos que son. Tú tienes la capacidad de hacer lo mismo. Entonces, ¿quién o qué se interpone en tu camino?

12. Dominar el autocontrol: La clave del éxito en entornos sociales

No trabajes como alguien que se siente miserable, ni como alguien que busca compasión o admiración. En lugar de eso, concentra tu fuerza de voluntad en un único objetivo: actuar y contenerte de acuerdo con las normas sociales.

13. Salir fortalecidos: Superar los problemas internos

Hoy he salido de todos los problemas. O, para ser más preciso, me he librado de todos los problemas que no eran externos, sino que estaban dentro de mí y de mis creencias.

14. Recuerdos enterrados: La futilidad del apego al presente fugaz

Todo es familiar y fugaz, sin valor intrínseco. El presente no es diferente del pasado, como ejemplifican los que ahora están enterrados.

15. El poder de nuestra facultad rectora: Juzgar los objetos sin opinar

Los objetos existen de forma independiente, sin conocimientos ni opiniones sobre sí mismos. Entonces, ¿quién o qué los juzga? La respuesta está en nuestra facultad de gobernar.

16. El poder de la acción: Descubriendo las virtudes y los vicios de los animales sociales racionales

El mal y el bien de un animal social racional no se encuentran en la pasividad, sino en la actividad. Del mismo modo, sus virtudes y vicios surgen de sus acciones, no de su falta de ellas.

17. La paradoja de la elevación y el descenso: Explorando la ética de la gravedad

No es malo que una piedra que ha sido lanzada hacia arriba baje, ni es necesariamente bueno que haya sido elevada en primer lugar.

18. Los jueces invisibles: Explorando los principios básicos y la autopercepción de los hombres

Profundiza en los principios básicos de los hombres y descubrirás los jueces que temen, así como los tipos de jueces que perciben que son.

19. La danza eterna de transformación y destrucción en el Universo

Todo está en continuo cambio, incluido tú mismo, que eres un proceso constante de transformación y destrucción. Esto es cierto para todo el universo.

20. El imperativo moral de la no intervención: Por qué debemos dejar que los demás afronten las consecuencias de sus actos

Tienes la responsabilidad de dejar las acciones ilícitas de otra persona como están.

21. Abrazar el cambio: Afrontar el miedo a los finales de la vida y los nuevos comienzos a través de la edición

Poner fin a una actividad, detener el movimiento y estar abierto al cambio, y en cierto sentido aceptar su transformación, no es algo negativo. Dirijamos ahora nuestra consideración hacia tu vida: de niño, de joven, durante tu madurez y en tu vejez. En cada una de estas fases, cada alteración era una forma de cesación. La pregunta sigue siendo: ¿debería uno temer tal cambio? Reflexiona sobre tu vida bajo tu abuelo, seguida de tu vida bajo tu madre y luego bajo tu padre. Al reflexionar sobre las múltiples diferencias, cambios y finales que experimentaste, pregúntate: ¿hay algo que temer? Por lo tanto, de forma similar, no se debe temer la terminación, el cese y la transformación que se producen en toda la vida de un individuo.

22. Dominar el autogobierno en un universo de iguales: Una reflexión sobre la justicia y la responsabilidad

Examina rápidamente tu propia capacidad para gobernarte, así como la del universo y la de tus vecinos. Trabaja para que tu propio autogobierno sea justo y equitativo, y recuerda cuál es tu lugar en el universo. Considera las acciones de tu prójimo y si fueron hechas con ignorancia o conocimiento, y considera que su capacidad para gobernarse a sí mismos es como la tuya.

23. Contribuir al bien común: La importancia de las acciones socialmente beneficiosas

Como miembro de la sociedad, todas tus acciones deben contribuir al bien común. Cualquier acción que no tenga un beneficio social directo o indirecto desgarra el tejido de tu vida y se asemeja a la rebelión, como apartarse del grupo en una reunión pública. Por tanto, esfuérzate por hacer de cada acción un componente valioso de la vida social.

24. Retratos de cementerio: Un inquietante recordatorio entre peleas de niños y cuerpos sin vida

Las peleas de niños pequeños y sus juegos, junto con la presencia de espíritus abatidos que portan cuerpos sin vida, son las cosas que vemos a nuestro alrededor. Precisamente por eso, el retrato de los cementerios destaca tanto.

25. Forma sin material: Exploración de la durabilidad de la forma en los objetos

Analice la forma de un objeto, independientemente de su composición material, y reflexione sobre ella. A continuación, averigua la duración máxima que un objeto con esta forma está innatamente diseñado para soportar.

26. Descubrir la verdadera satisfacción: Dejar ir las limitaciones de la mentalidad racional

Has sufrido un sinfín de dificultades al no encontrar satisfacción en la capacidad de tu mente racional para actuar dentro de su propósito natural. Ya es suficiente.

27. El poder de la empatía: Comprender a los que te culpan y te odian

Cuando alguien te culpe, te odie o hable mal de ti, tómate un momento para empatizar con él y comprender su perspectiva. Intenta ver qué tipo de persona es en el fondo. Probablemente, descubrirás que no necesitas preocuparte por sus opiniones ni por los problemas que intenten causarte. Recuerda que no son más que seres humanos y que a menudo sus acciones están motivadas por sus propias debilidades e inseguridades.

Dicho esto, es importante tratarlos con amabilidad y respeto, ya que en última instancia son nuestros semejantes. Cabe señalar que los dioses también velan por ellos, enviándoles sueños y señales para guiarles hacia sus metas y aspiraciones. Así que ten fe en su camino y llévalos en tu corazón con compasión.

28. La danza eterna del Universo: Explorando los orígenes y las transformaciones de la vida

Los movimientos del universo son coherentes, cíclicos y eternos. La inteligencia universal es responsable de cada efecto o, alternativamente, pone las cosas en movimiento una vez y los sucesos posteriores siguen una secuencia. Otra posibilidad es que los elementos indivisibles sean el origen de todas las cosas. En última instancia, si existe un dios, todo es como debe ser. Si prevalece el azar, es mejor no dejarse influir por él.

Con el tiempo, la tierra nos cubrirá a todos, y la propia tierra se transformará junto con todo lo que se deriva del cambio, perpetuamente y sin fin. Al darse cuenta de la rapidez del cambio y de las infinitas transformaciones que conlleva, uno llegará a despreciar todo lo que esté sujeto a la decadencia.

29. La modesta obra de la naturaleza: Una advertencia contra la pretensión política

La causa universal es como un impetuoso torrente invernal que todo lo arrastra. Y, sin embargo, ¡qué inútiles son los que se dedican a asuntos políticos, creyéndose filósofos! No son más que tontos charlatanes.

Así que, querido hombre, haz lo que la naturaleza te exige. Si está en tu mano, ponte en marcha sin mirar a tu alrededor para ver si alguien te observa. No esperes una gran sociedad utópica como la República de Platón. Al contrario, confórmate con los pequeños éxitos y considéralos grandes logros. Al fin y al cabo, ¿quién puede cambiar de verdad las opiniones de otra persona? Sin ese cambio, nos quedamos con la esclavitud de quienes fingen obedecer, pero sufren de verdad.

¿Y qué hay de Alejandro, Filipo y Demetrio de Falerum? Sólo ellos pueden juzgar si vivieron de acuerdo con las exigencias de la naturaleza. Si actuaron como héroes trágicos, entonces no han dado un ejemplo digno de seguir. El trabajo de la filosofía es sencillo y modesto. No te dejes llevar por la arrogancia y la presunción.

30. Reflexiones sobre la diversidad de la humanidad: A vista de pájaro

Contempla a vista de pájaro la inmensidad de la humanidad y sus diversas costumbres y experiencias, tanto si desafían las tormentas como si disfrutan de aguas tranquilas. Reflexiona sobre la diversidad de los que nacen, conviven y mueren. Además, reflexiona sobre las vidas de los que nos han precedido, los que vendrán después de nosotros y los que viven en sociedades primitivas que tal vez ni siquiera sepan quién eres. Date cuenta de que hay innumerables personas que olvidarán tu nombre, incluso los que ahora te alaban puede que pronto te condenen. Recuerda que el nombre póstumo, la reputación y todo lo demás carecen de sentido en última instancia.

31. La lucha por la libertad y la justicia en las interacciones sociales positivas: Abrazar nuestra naturaleza innata

Garantizar la libertad frente a las perturbaciones causadas por factores externos es crucial. Además, es importante mantener la justicia en las acciones resultantes de impulsos internos. Estas acciones deben centrarse en interacciones sociales positivas, ya que se alinea con nuestra naturaleza innata.

32. Liberar la mente: cómo la contemplación de la inmensidad del universo puede eliminar perturbaciones innecesarias

Puedes eliminar fácilmente numerosas cosas inútiles que te causan perturbación, ya que sólo existen en tu propia opinión. Al comprender la inmensidad del universo mediante la contemplación de su eternidad, así como al observar los rápidos cambios que se producen en todas las cosas desde el nacimiento hasta la disolución, liberarás un amplio espacio mental. Cabe señalar que el tiempo anterior al nacimiento y el posterior a la disolución son igualmente ilimitados.

33. La decadencia inevitable: Testigos de la naturaleza perecedera de la vida

Todo lo que ves acabará pereciendo, y quienes presencien su desaparición también perecerán pronto. Incluso alguien que viva hasta una edad avanzada acabará en el mismo estado que alguien que murió joven.

34. Motivaciones y principios paradójicos de la expresión del amor y el respeto

¿Cuáles son los principios fundamentales que guían a estos hombres y qué actividades les ocupan? Además, ¿qué les motiva a expresar amor y respeto? Imagina sus pensamientos y emociones más íntimos al descubierto. La idea de que creen que los regaños hacen daño y los cumplidos hacen bien parece bastante absurda.

35. La inevitabilidad del cambio y la locura del perfeccionismo

La pérdida no es más que una forma de cambio. La naturaleza universal se complace en el cambio y todas las cosas han estado y estarán siempre sujetas a él. Desde la eternidad, las cosas han tenido una forma constante y similar, y así seguirán por siempre. ¿Crees que todo lo pasado, presente y futuro es inherentemente defectuoso? ¿Que innumerables dioses no han sido capaces de solucionar estos problemas y que el mundo está maldito para siempre por un caos interminable?

36. Transformación de la materia: La esencia siempre cambiante de la vida

La decadencia en el núcleo de todas las cosas. Agua, polvo, huesos y suciedad. Las rocas de mármol, las asperezas de la tierra. El oro y la plata no son más que sedimentos, mientras que las vestimentas se componen de meros trozos de pelo. Incluso el regio tinte púrpura es sólo sangre, y todo lo demás sigue su ejemplo. La esencia de la vida también está sujeta a transformaciones, cambia constantemente de una forma a otra.

37. Romper el ciclo de la miseria: Simplificar la vida y mejorarnos a nosotros mismos

Deja de vivir una vida miserable con quejas y comportamiento inmaduro. ¿Por qué estás molesto? ¿Qué causa tu malestar? ¿Es el aspecto de la situación? Obsérvala. ¿O es el fondo de la misma? Analízala. Aparte de estos factores, no hay nada más. Así que simplifiquemos nuestro enfoque hacia los dioses y mejorémonos a nosotros mismos. Tanto si nos obsesionamos con estas cuestiones durante sólo tres años como si lo hacemos durante cien, es lo mismo.

38. ¿Infortunio o injusticia? Explorando el juego de culpas en las desgracias

Es su mala suerte si ha sufrido una desgracia debido a sus propias acciones. Sin embargo, existe la posibilidad de que no haya hecho nada malo.

39. El dilema final: ¿existe una única fuente inteligente o sólo átomos dispersos?

¿Proceden todas las cosas de una única fuente inteligente y funcionan juntas como un solo cuerpo, en el que las partes individuales no pueden criticar las acciones emprendidas en beneficio del conjunto? ¿O sólo existen los átomos en un estado de mezcla y dispersión? Si es esto último, ¿por qué te preocupas? Dirígete a la facultad gobernante y pregúntale si se ha corrompido, se ha vuelto hipócrita o incluso animal al pastorear y alimentarse con el resto.

40. Obtener ayuda para superar el miedo, los deseos y el dolor: Repensar las Oraciones a los Dioses

¿Los dioses tienen poder o no? Si no lo tienen, ¿por qué te molestas en rezarles? Pero si tienen poder, ¿por qué no pedirles que te ayuden a superar tus miedos, deseos y dolor en lugar de pedirles que impidan que estas cosas sucedan? Al fin y al cabo, si los dioses pueden trabajar con los humanos, seguro que también pueden hacerlo con estos problemas.

Puedes argumentar que los dioses te han dado libre albedrío, pero ¿no es mejor usar ese poder para controlar lo que puedes en lugar de desear lo que no puedes? ¿Y quién dice que los dioses no pueden ayudarnos con nuestras propias luchas personales? Empieza a pedir ayuda con estas cosas y verás lo que pasa.

Por ejemplo, en lugar de preguntar "¿Cómo puedo seducir a esa mujer?" pregunta "¿Cómo puedo resistir la tentación de perseguirla?". O en lugar de preguntar "¿Cómo puedo salir de esta situación?" pregunta "¿Cómo puedo dejar de sentir la necesidad de escapar?". Y en lugar de preguntar "¿Cómo puedo evitar que mi hijo muera?" pregunta "¿Cómo puedo superar el miedo a perder a mi hijo?".

Prueba a cambiar tus oraciones de este modo y verás qué resultados obtienes.

41. Domina tu mente: Siguiendo el ejemplo de Epicuro para mantener el bienestar a pesar de las dolencias

Epicuro afirma que durante su enfermedad no conversó sobre sus dolencias físicas. Por el contrario, se abstuvo de hablar de tales temas con los visitantes y continuó su discurso sobre cómo la mente puede mantener su bienestar a pesar de estar sometida a las dolencias del cuerpo. Creía en mantener la mente libre de perturbaciones y centrada en su propio bien. No permitía que los médicos se mostraran grandilocuentes en el trato que le dispensaban. Por el contrario, la vida de Epicuro siguió siendo feliz y alegre. Por lo tanto, siguiendo su ejemplo, uno debe perseverar en su adhesión a la filosofía independientemente de cualquier situación que se presente. Es un principio fundamental de todas las escuelas de pensamiento abstenerse de discusiones frívolas con individuos ignorantes y concentrarse únicamente en la tarea actual y en las herramientas necesarias para llevarla a cabo.

42. El arte de comprender: Cómo reconocer la naturaleza humana nos ayuda a encontrar la paz interior

Cuando te sientas ofendido por el comportamiento desvergonzado de alguien, pregúntate: ¿Es posible que no existan personas desvergonzadas? La respuesta es no. No esperes lo imposible. Reconoce que esa persona es sólo una de las muchas que se comportan así y deben existir en nuestro mundo. Aplica este mismo razonamiento a los individuos engañosos y a cualquiera que cometa una fechoría. Cuando reconozcas que esas personas siempre existirán, serás más comprensivo con todos como individuos. Recuerda que la naturaleza nos ha dotado de virtudes para oponernos a todo acto ilícito: la templanza contra la estupidez, y otras facultades contra otro tipo de personas.

Cuando surge una situación, es útil reconocer la virtud que la naturaleza nos ha dado para contrarrestar cualquier acto erróneo. En lugar de enfadarte, deberías plantearte enseñar a la persona que se equivoca. Al fin y al cabo, quien yerra ha perdido su objetivo y necesita orientación. Además, piensa si las acciones de la persona te perjudican. La mayoría de las veces, quienes nos ofenden no han hecho nada que empeore nuestro estado de ánimo. El mal que vemos en sus acciones sólo existe en nuestra propia mente.

Si te encuentras culpando a alguien por ser infiel o desagradecido, da un paso atrás y examina la situación. Puede que la culpa sea tuya, bien por confiar en alguien que no era de fiar, bien por no dar de verdad tu benevolencia sin esperar nada a cambio. El acto de benevolencia es su propia recompensa. Cuando actuamos de acuerdo con nuestra naturaleza para ayudar a los demás y promover el bien común, cumplimos nuestro propósito y recibimos nuestra propia satisfacción.

LIBRO 10

— Descubre tu fuerza interior

Toma las riendas de tu vida y aprecia su belleza. Sigue a tu corazón e ignora los asuntos sin importancia. Comprende que no pasa nada por cometer errores y que no hace falta ser perfecto para ser una buena persona. Ten en cuenta el bienestar de los demás, ya que todo en el mundo está conectado. Reconoce que todo cambia con el tiempo. Procura ser una persona amable, humilde y honesta. Date cuenta de que la duda y el miedo pueden traer el éxito o el fracaso, y persiste incluso cuando fracases. Una buena persona es honesta, educada y servicial, así que céntrate en esas cualidades. Lo único que importa son tus creencias y tus acciones. Recuerda que la naturaleza nos proporciona alimentos y agua para beneficio de todos, y que el mundo ama a todas las cosas existentes y no existentes. Acepta la vida como un viaje y aprovéchala al máximo, ya que la vida es un misterio y no siempre podemos controlar lo que ocurre.

1. Esforzarse por la Pura Satisfacción: Vivir en Armonía con lo Divino y el Mundo que te rodea

¿Te esforzarás alguna vez, alma mía, por ser buena, sencilla y pura, más transparente que el cuerpo que te rodea? ¿Estarás alguna vez contenta y satisfecha con todo lo que te rodea? ¿Te sentirás realizada, sin desear nada -ni vivo ni inanimado- sólo por la búsqueda del placer? ¿Disfrutarás de la vida sin desear más tiempo, un entorno diferente, un clima mejor o una compañía perfecta? ¿Apreciarás tu circunstancia actual, te contentarás con todo lo que tienes cerca y creerás que todo procede de lo divino y que todo ocurre por alguna razón? ¿Mantendrás que todo está bien, y que seguirá así, tanto si los dioses proveen como si no, por la perfecta, justa y hermosa esencia de la vida que une y abarca todas las cosas, permitiéndoles transformarse y reproducirse?

¿Tendrás cuidado de vivir entre los dioses y los hombres en perfecta armonía, sin motivo de culpa o condena?

2. Abraza tus instintos: Guía para equilibrar la racionalidad y el ser natural

Observa lo que exige tu naturaleza, guiándote únicamente por tus instintos. Síguelo y acéptalo si no perjudica tu bienestar como ser vivo. Presta también atención a lo que exige tu naturaleza como animal racional. Puedes entregarte a estas actividades si no afectan negativamente a tu racionalidad. Sin embargo, recuerda que, como animal racional, también eres un ser social. Por lo tanto, cíñete a estas directrices y no te preocupes por nada más.

3. De la resistencia al empoderamiento: Afrontar los retos de la vida con el regalo de la naturaleza

Todo lo que ocurre, o bien entra dentro de tu capacidad de aguante por naturaleza, o bien la supera. Si entra dentro de tu capacidad, no te quejes. Simplemente, sopórtalo como fuiste diseñado para hacerlo. Pero si excede tu capacidad, tampoco te quejes porque al final te consumirá y desaparecerá. Recuerda que la naturaleza te ha equipado para soportar todas las cosas, y que tú posees el poder de hacerlas soportables y tolerables considerándolas ventajosas o necesarias.

4. Potenciar las respuestas: Corregir los errores con responsabilidad y amabilidad

Si una persona se equivoca, instrúyala amablemente y señale su error. Sin embargo, si no puede hacerlo, asuma la responsabilidad de la situación o absténgase de culparse por completo.

5. Destinado desde el principio: Descubriendo los hilos de tu existencia

No importa lo que te ocurra, ya estaba destinado a ti desde el principio de los tiempos. La causa y el efecto estaban en movimiento, tejiendo la trama de tu existencia y todo lo que viene con ella.

6. El poder de la conexión: Encontrar la satisfacción en el sistema natural

En primer lugar, establezcamos si el universo está formado por átomos o si la naturaleza está organizada en un sistema. Sea como fuere, reconozco que soy una parte del todo regido por la naturaleza, y que estoy íntimamente relacionado con quienes son como yo. Sabiendo esto, no puedo estar descontento con el papel que me ha sido asignado dentro del todo. Lo que beneficia al todo no perjudica a la parte, y todo dentro del todo contribuye a su provecho. El universo tiene el principio adicional de que no puede generar nada perjudicial para sí mismo, ni siquiera bajo presión externa. Al reconocer mi conexión con el todo, puedo encontrar satisfacción en todas las situaciones. Como estoy estrechamente vinculado a quienes son como yo, no actuaré de forma egoísta. Por el contrario, daré prioridad al interés común y centraré mis esfuerzos en consecuencia. Siguiendo este camino, puedo llevar una vida feliz, igual que un ciudadano puede estar contento realizando acciones beneficiosas para su comunidad y aceptando el papel que le ha sido asignado dentro del Estado.

7. El cambio inevitable: Comprender el Proceso Natural del Universo

En el universo, todo debe sufrir cambios de forma natural, incluidas las partes que componen el todo. Es necesario comprender que este cambio no es necesariamente un mal, sino más bien una característica inherente al universo. Sin embargo, si las partes están sujetas al cambio, se deduce que el todo no puede permanecer en buen estado. Se plantea entonces la pregunta: ¿tenía la naturaleza la intención de que las partes sufrieran el mal y estuvieran sujetas a él? ¿O sucedió accidentalmente? Ambas hipótesis son improbables.

Incluso si eliminamos el concepto de naturaleza como poder eficiente y nos limitamos a ver estos cambios como algo natural, sería absurdo sorprenderse o disgustarse por ellos. Las partes del todo están destinadas a cambiar, y esto no contradice su estado natural. Además, cuando las cosas se disuelven, vuelven a los elementos de los que estaban compuestas. Esto puede tomar la forma de una dispersión de estos elementos o la transformación de la materia de sólida a terrosa o de aérea a aérea. En última instancia, estas partes se reúnen con la razón universal, ya sea mediante la renovación o la consumición por el fuego.

Es importante recordar que ni siquiera las partes sólidas y aéreas que componen nuestro cuerpo y el mundo que nos rodea son permanentes. Han sido adquiridas recientemente a través de la ingesta de alimentos y aire. También ellas sufrirán cambios, pero esto no debe crear preocupaciones ni objeciones.

En resumen, todo está sujeto al cambio, y no es algo que deba sorprendernos o disgustarnos. Es un proceso natural, parte integrante del universo y de las partes que lo componen.

8. Transforma tu vida: Mantener estos seis nombres lo cambiará todo

Una vez que hayas adoptado estos nombres -bueno, modesto, verdadero, racional, ecuánime y magnánimo- procura no renunciar a ellos. Si los pierdes, recupéralos sin demora. Racional se refiere a una atención perspicaz a cada cosa y a la ausencia de descuido. La ecuanimidad es la aceptación consciente de las circunstancias asignadas por la naturaleza. Magnanimidad implica elevar la parte intelectual de uno mismo por encima del placer, el dolor, la fama, la muerte y todas esas cosas. Aferrarte a estos nombres, para ti mismo y no para el beneficio de los demás, te transformará y te permitirá vivir una vida diferente. Seguir viviendo como hasta ahora y sufrir en una vida así es insensato y muestra un apego excesivo a vivir, como un gladiador cubierto de heridas, pero que sigue pidiendo otra pelea. Por lo tanto, aférrate a estos nombres con firmeza, como si hubieras sido transportado a una isla feliz. Si te encuentras alejándote de estos ideales, busca un lugar apartado para retomar el camino o incluso abandona la vida con sencillez, libertad y modestia, pero no por pasión. Al menos podrás decir que lograste esta gran hazaña antes de marcharte de la vida. Para ayudarte a recordar estos nombres, recuerda que los dioses prefieren que los seres razonables sean como ellos mismos y no buscan la adulación. Recuerda también que una higuera hace el trabajo de una higuera, un perro hace el trabajo de un perro, una abeja hace el trabajo de una abeja y una persona debe hacer el trabajo de una persona.

9. Proteger sus principios: La importancia de la contemplación y la comprensión en tiempos de guerra y esclavitud

Mimi, tus santos principios serán borrados a diario por la guerra, el asombro, el sopor y la esclavitud. ¿Cuántas cosas imaginas sin estudiar la naturaleza, y cuántas descuidas? Es tu responsabilidad no sólo observar, sino también actuar de un modo que mejore tu capacidad para hacer frente a las circunstancias. Debes ejercitar tu facultad contemplativa y mantener la confianza en tus conocimientos sin exhibirlos abiertamente, pero también sin ocultarlos por completo.

Debes esforzarte por lograr la sencillez, la gravedad y una comprensión profunda de todo. Esto incluye la sustancia de cada cosa, su lugar en el universo, su vida útil, su composición y quién tiene el poder de poseerla o quitarla.

10. La captura salvaje: ¿Las arañas se sienten realmente orgullosas o son sólo ladronas?

La araña se regocija cuando captura una mosca. Del mismo modo, algunas personas se sienten triunfantes después de capturar una liebre pequeña, pescar una anchoa, cazar un jabalí o un oso, o conquistar a los sármatas. Sin embargo, si tenemos en cuenta sus principios, ¿no son todos unos bandidos?

11. Transformar la sabiduría: El camino magnánimo hacia la virtud y la satisfacción

Adopta la forma contemplativa de observar cómo todas las cosas se transforman unas en otras. Presta siempre atención a ello y concéntrate en este aspecto de la filosofía. Esta práctica fomenta la magnanimidad como ninguna otra. Al adoptar esta forma de pensar, uno trasciende el cuerpo y reconoce la inevitabilidad de partir de esta vida terrenal, aunque el momento exacto siga siendo desconocido. En todas las acciones, uno se compromete totalmente a hacer lo que es justo. También se entrega por completo a la naturaleza universal, contentándose con lo que le ha sido asignado y renunciando a todas las distracciones y búsquedas innecesarias. Uno permanece indiferente a lo que los demás piensan, dicen y hacen, y en su lugar, se centra en las dos cosas que importan: hacer lo justo y estar contento con las asignaciones actuales. Siguiendo un camino virtuoso a través de la ley, se alcanza el camino recto y se permanece cerca de Dios.

12. Abrazar la razón: Superar la inseguridad y alcanzar la armonía en la vida

¿Por qué sucumbir a una inseguridad paranoica, cuando puedes evaluar la situación y determinar el mejor curso de acción? Si el camino está despejado, proceda con confianza y sin vacilar. Sin embargo, si hay alguna incertidumbre, busque el consejo de asesores de confianza. Si surgen obstáculos, proceda con integridad, consciente de lo que es justo y está dentro de sus posibilidades. Es admirable esforzarse por alcanzar este objetivo, aunque al final resulte difícil. Quienes aplican la razón en todos los aspectos de su vida son armoniosos, productivos y optimistas.

13. Descubrir el robo de virtudes: cómo las acciones pueden hablar más alto que las palabras

Al despertar, pregúntate si realmente te importa que los demás actúen con justicia. La respuesta es no. Recuerda que los que actúan con superioridad cuando alaban o critican a los demás son iguales en privado. Considera sus acciones, lo que persiguen y cómo utilizan sus palabras para engañar y manipular. Puede que no roben con las manos y los pies, pero roban con su bien más valioso, que puede producir lealtad, modestia, honestidad, adhesión a la ley y un espíritu contento.

14. El sabio sumiso: Encontrar la satisfacción en la voluntad de la naturaleza

El hombre instruido y humilde no encuentra defecto alguno en la naturaleza, dadora y tomadora de todas las cosas. Se somete con satisfacción a su voluntad, diciendo: "Concédeme lo que quieras;

quítame lo que te plazca". No habla con presunción, sino con humilde deferencia a su poder, y con agradecida aceptación de sus bendiciones.

15. Vivir con autenticidad: Abraza la naturaleza y deja que brille tu verdadero yo

Queda poco de vida, así que haz que cuente. Vive como en una montaña, pues no importa dónde estés mientras vivas fiel a la naturaleza, en cualquier parte del mundo, como si fuera una comunidad política. Sé tú mismo, deja que los demás reconozcan a una persona auténtica y genuina que vive en armonía con la naturaleza. Si no pueden aceptarte, que se deshagan de ti, es mejor que vivir una vida insatisfecha como el común de los mortales.

16. Sé el hombre: Encarna las cualidades de un buen hombre

Deja de discutir qué características debe poseer un buen hombre y empieza a encarnarlas.

17. Perspectiva: cómo encajan las minúsculas motas del presente en la vastedad del tiempo y la sustancia

Considera siempre la totalidad del tiempo y la sustancia, reconociendo que cada cosa individual no es más que una minúscula mota comparada con la inmensidad del todo y, en términos de tiempo, es semejante al rápido giro de un taladro.

18. La belleza en la decadencia: Reconocer la transformación inevitable de la existencia

Observa todo lo que existe y reconoce su inevitable estado de decadencia y transformación, como si estuviera descompuesto, disperso o naturalmente inclinado a perecer.

19. De la esclavitud al poder: examinar el comportamiento de los hombres en diferentes contextos y reflexionar sobre su futuro

Piensa en cómo actúan los hombres cuando comen, duermen, tienen relaciones sexuales, van al baño, etcétera. Compáralo con cómo actúan cuando son mandones y engreídos, o cuando están enfadados y gritan desde su posición de poder. No hace mucho que muchos de ellos eran esclavos, ¿y por qué razón? Tómate un momento para imaginar qué les deparará el futuro.

20. El momento perfecto de la naturaleza: Lo mejor para todos

La naturaleza universal proporciona a cada cosa lo que es bueno para ella. Esto ocurre en el momento apropiado, según lo determina la naturaleza.

21. El amor natural del Universo por la lluvia: Una reflexión sobre el nuestro

La tierra adora la lluvia, y el majestuoso cielo también. El universo tiene una inclinación natural a crear lo que está destinado a existir. Así pues, expreso al universo que amo igual que tú amas. Además, ¿no puede decirse que ciertas cosas tienden a nacer?

22. Abrazando los escenarios de la vida: Encontrar valor y positividad

O resides aquí y te has acostumbrado, o has decidido marcharte, o estás a punto de morir y has cumplido con tus obligaciones. No hay nada más allá de estos escenarios. Así pues, ármate de valor y ten una actitud positiva.

23. La igualdad universal de la tierra: ideas de Platón

Recuerda siempre que esta parcela de tierra no es diferente de cualquier otra, y todo lo que hay aquí no difiere de lo que encontrarías en la cima de una montaña o a orillas del mar. Como decía Platón, vivir dentro de los muros de una ciudad no difiere de estar en el redil de un pastor en una montaña.

24. Desvelar el misterio de mi facultad de juicio: ¿Funciona en sincronía con mi cuerpo y mis interacciones sociales?

¿Cuál es mi facultad de juicio actual? ¿Cómo la utilizo y con qué fin? ¿Me falta comprensión? ¿Se ha desvinculado de la interacción social? ¿Se ha fusionado y fusionado con mi cuerpo físico para funcionar como uno solo?

25. Huyendo de la Ley: El maestro universal del miedo, la pena y la ira

Cualquiera que huya de su amo es considerado un fugitivo. Del mismo modo, cualquiera que infrinja la ley es también un fugitivo, porque la ley es el amo supremo. Incluso si uno está molesto, enfadado o preocupado por algo que ha ocurrido u ocurrirá, es porque ha sido designado por el gobernante de todas las cosas, que es la Ley y determina lo que es apropiado para todos. Por lo tanto, cualquiera que experimente miedo, pena o ira es considerado un fugitivo.

26. El maravilloso viaje de la semilla a la percepción

Un hombre deposita su semilla en un vientre y se va, entonces otra causa toma el relevo y trabaja sobre ella para crear un niño. ¿No es asombroso cómo algo tan maravilloso puede surgir de comienzos tan simples? El niño ingiere alimento y otra causa lo transforma en percepción, movimiento, fuerza y mucho más. Es increíble contemplar los muchos y diversos procesos en marcha. Tómate tu tiempo para considerar todas las cosas que ocurren y se producen de una forma tan enigmática. Observa el poder que hay detrás de todo, como podemos ver la fuerza que mueve las cosas hacia arriba y hacia abajo sin verlo con nuestros ojos, pero claro como el agua.

27. A través del tiempo y de la historia: Reconocer patrones en el presente

Recuerda siempre que las cosas, tal como son ahora, han sido antes y volverán a ser. Visualiza diversos escenarios, como los que has aprendido de tus experiencias y de los relatos históricos. Imagina dramas y escenarios enteros con la misma estructura básica, como las cortes de Adriano, Antonino, Filipo, Alejandro y Creso. Todos ellos eran como los que presenciamos hoy, aunque con participantes diferentes.

28. La elección racional: Por qué sólo los humanos pueden elegir su camino

Considera que todo hombre afligido o descontento es como un cerdo sacrificado, que patalea y grita en señal de protesta. Del mismo modo, los que se lamentan en silencio de sus circunstancias tumbados en la cama son como este cerdo. Es importante reconocer que sólo los seres racionales pueden elegir voluntariamente sus acciones, mientras que el resto debe seguir las necesidades que se le imponen.

29. Pensar antes de actuar: Cuestionar el pavor a la muerte y sus pérdidas

Antes de emprender cualquier acción, pregúntate si la muerte es verdaderamente espantosa porque te la quita.

30. Volverse hacia dentro: cómo la autorreflexión puede ayudarte a dejar atrás la ofensa

Cuando te sientas ofendido por el error de alguien, mira inmediatamente hacia dentro y piensa en qué puedes haber errado tú de forma similar. Por ejemplo, quizá creas que la riqueza, el placer o el estatus social son deseables. Si reflexionas sobre ello, podrás desahogarte rápidamente. Además, si recuerdas que la persona actuaba por obligación, te resultará más fácil perdonarla. Si tienes el poder de liberarla de esa compulsión, aún mejor.

31. Ver la Humanidad como Humo: Vivir una vida ordenada

Cuando veas a Satyron, el socrático, piensa en Eutyches o en Hymen. Cuando veas Éufrates, piensa en Eutiquión o Silvano. Cuando veas a Alcifrón, piensa en Tropaéforo. Cuando veas a Jenofonte, piensa en Crito o en Severo. Y cuando te mires a ti mismo, piensa en cualquier otro César. Aplica esto a cada persona que encuentres. Luego reflexiona sobre este pensamiento: ¿Dónde están esos hombres ahora? En ninguna parte. Nadie sabe dónde están. Considera continuamente las cosas humanas como humo y nada en absoluto, sobre todo cuando te des cuenta de que lo que ha cambiado nunca volverá a existir en el tiempo infinito.

Piensa en lo corta que es tu existencia. ¿Por qué no aprovecharla al máximo llevando una vida ordenada? ¿Qué oportunidades y habilidades estás perdiendo? Todo en la vida es un ejercicio para tu mente. Estudia detenidamente su naturaleza y examina todo lo que ocurre en la vida. Sigue haciéndolo hasta que te adueñes de tus experiencias, igual que un estómago fuerte absorbe todos los nutrientes y un fuego ardiente brilla con todo lo que se le echa.

32. Cómo hacer imposible que alguien dude de tu honestidad y bondad

Haz que sea imposible que alguien diga de verdad que no eres honesto o bueno. Deja que se demuestre que quien piense lo contrario está equivocado, y esto está totalmente bajo tu control. ¿Quién puede impedirte ser una persona buena y honesta? Decide que no seguirás viviendo a menos que puedas ser una persona así. La razón dicta que no puedes seguir viviendo si no lo eres.

33. Cómo superar los obstáculos y encontrar placer en vivir de acuerdo con la razón

¿Cómo podemos actuar de acuerdo con la razón cuando se trata de cosas materiales, como nuestra vida? Sea lo que sea, tienes el poder de hacerlo o decirlo, sin excusarte por ningún impedimento. No dejarás de lamentarte hasta que tu mente se encuentre en un estado en el que hacer lo que es conforme a la naturaleza humana te resulte tan placentero como el lujo a los que buscan el placer. Como ser humano, deberías encontrar placer en hacer todo lo que está a tu alcance y de acuerdo con tu propia naturaleza. Afortunadamente, esto es posible en cualquier situación. Mientras que la naturaleza o un alma irracional pueden inhibir el movimiento de objetos como un cilindro, el agua o el fuego, tu inteligencia y tu razón pueden superar cualquier obstáculo que encuentres. Imagina esto tan claramente como visualizas el fuego moviéndose hacia arriba, una piedra descendiendo o un cilindro rodando por una superficie inclinada. No busques ninguna otra solución más allá de ésta. Otros obstáculos sólo pueden afectar a tu cuerpo, que es una cosa muerta, o sólo pueden aplastar tu razón si tú lo permites. La única forma en que estos obstáculos podrían perjudicarte de verdad es si te convirtieran en una mala persona, pero tú tienes el poder de elegir ser mejor y más merecedor de elogios a través de ellos. Por último, recuerda que nada puede perjudicar a un verdadero ciudadano si no perjudica al Estado, y nada puede perjudicar al Estado si no perjudica a la ley. Por lo tanto, ninguna desgracia puede dañar a la ley y, en consecuencia, tampoco puede dañar al Estado ni a sus ciudadanos.

34. La fugacidad de la vida: El sencillo recordatorio de vivir sin miedo ni pena

Para alguien que comprende los verdaderos principios, incluso la instrucción más breve es suficiente, como este sencillo recordatorio de liberarse de la pena y el miedo:

"Como hojas que caen, esparcidas por el viento,
La humanidad también".

Las hojas son como tus hijos, y como quienes te alaban o critican, o difunden tu fama a las generaciones futuras. Van y vienen con el cambio de las estaciones, como dice el poeta. Todas las cosas son efímeras, y, sin embargo, las persigues como si fueran a durar para siempre. Pero dentro de poco, cerrarás los ojos y otro llorará tu muerte.

35. La mentalidad sana: Ver más allá del autoelogio y aceptar todos los sentidos

El ojo humano debe ser capaz de ver todas las cosas visibles sin desear colores específicos como el verde, ya que tales deseos indican un ojo enfermo. Del mismo modo, el sentido del oído y el olfato sanos deben ser capaces de percibir todo lo que se puede oír y oler. El estómago sano debe tratar todos los alimentos como un molino diseñado para molerlo todo. Por último, un entendimiento sano debería estar equipado para manejar cualquier situación que surja. Sin embargo, la mentalidad que dice: "Que vivan mis seres queridos y que todos me alaben independientemente de mis acciones" equivale a un ojo que busca cosas verdes o a unos dientes que buscan objetos blandos.

36. Encontrar la paz en la partida: Abrazando la Inevitable Liberación de los Duros Maestros de la Vida

Ningún hombre está exento de que en el momento de su muerte haya alguien que se alegre de su inminente partida. Aunque el moribundo fuera bueno y sabio, no faltarían quienes pensaran para sí: "Por fin podemos respirar libremente, ahora que nos hemos librado de este severo maestro." Aunque la persona no haya sido dura con ninguno de ellos, es posible que los haya condenado sutilmente, como suele ocurrir con las personas buenas. En lo que respecta a nuestra propia muerte, existen innumerables razones por las que la gente puede querer librarse de nosotros. Hay que tener esto en cuenta cuando dejamos esta vida, pensando que dejamos un mundo en el que incluso los más cercanos a nosotros pueden estar deseando secretamente que nos vayamos, tal vez para obtener algún beneficio personal. Teniendo esto en cuenta, no hay razón para aferrarse a la vida más de lo necesario.

Sin embargo, no debemos marcharnos con amargura hacia los demás. Por el contrario, debemos partir con amabilidad, aferrándonos a nuestro propio carácter de amistad, benevolencia y dulzura. Nuestra separación de los demás debe ser tan pacífica como una muerte tranquila. Al igual que el alma se separa fácilmente del cuerpo en una muerte natural, nosotros deberíamos separarnos naturalmente de aquellos con los que una vez estuvimos unidos. Esta separación no debe ser forzada, sino natural y pacífica, como corresponde a la naturaleza.

37. Dominar el arte del autoexamen: Una clave para comprender los objetivos de los demás

Acostúmbrate a preguntarte siempre que alguien haga algo: "¿Cuál es el objetivo de esta persona?". Sin embargo, antes de hacerlo, pon el foco en ti mismo y realiza primero un autoexamen.

38. Las gemas ocultas del poder interior: Persuasión, vida y esencia humana

Recuerda siempre que el verdadero poder reside en lo que se oculta en el interior: la fuerza de la persuasión, la esencia de la vida, la definición misma de la humanidad. Cuando hagas introspección, no incluyas el recipiente que te encierra ni los instrumentos unidos a él. Éstos son comparables a un hacha, que sólo se distinguen por su sujeción al cuerpo. Al igual que la lanzadera de un tejedor, la pluma de un escritor o el látigo de un conductor, estas partes no sirven para nada si no son movidas y controladas por sus fuerzas respectivas.

LIBRO 11

— El viaje del autodescubrimiento

Actúa ahora y muestra bondad a quienes te rodean. Aprecia el arte en nuestro mundo y comprende las leyes y principios de la naturaleza para cumplir tu propósito. Vive la vida al máximo y encuentra el equilibrio entre el conocimiento y la experiencia. Vuelve a conectar con tus vecinos y sé fiel a ti mismo y a los demás. Sé único y haz lo que te dé alegría. Abraza las emociones como la ira y la pena, cuando sea necesario, pero también ajusta tus pensamientos cuando se desvíen. Obedece el orden cósmico y colabora para alcanzar un objetivo compartido. Enfréntate a tus miedos y recuerda a los grandes del pasado. Mira al cielo y sé sabio y elocuente en tus palabras y actos. Aprende algo nuevo cada día y sé humilde y paciente contigo mismo. Por último, acepta que la vida es un ciclo de transformación y progreso, y que nunca nada se ha ido de verdad.

1. El Alma Racional: Introspección, Realización y Abrazo del Universo

Estas son las características del alma racional: puede ser introspectiva, reflexionar y moldearse a sí misma como desee; disfruta de los frutos de su propio trabajo, del mismo modo que las plantas dan frutos para que otros los disfruten y los animales ofrecen su equivalente en frutos a los demás. El alma alcanza sus propios objetivos, por lejanos que parezcan. A diferencia de una danza o una obra de teatro, en las que el espectáculo se siente incompleto si se interrumpe, el alma puede alcanzar la plenitud y la totalidad en cada fragmento de su existencia. Puede proclamar: "Poseo lo que es mío". Además, el alma se extiende a todas las zonas del universo y contempla la inmensidad del vacío, captando su estructura y abrazando el renacimiento cíclico de todo. Comprende que los que vengan después de nosotros no encontrarán nada nuevo, ya que los que nos precedieron tampoco lo hicieron. De hecho, una persona de cuarenta años, siempre que tenga alguna capacidad cognitiva, ya ha visto todo lo que ha existido, todo gracias a la regularidad que lo caracteriza todo. El amor al prójimo, la honradez y la humildad, así como no valorar nada más que a uno mismo, son también rasgos esenciales de esta alma racional. Tal es el fundamento del derecho, y este mismo sentido moral varía poco del sentido de la justicia.

2. El poder de la devaluación: Por qué descomponer los componentes de la vida es clave para alcanzar la virtuosidad

No tendrás mucho valor en las melodías agradables, en la danza o en un concurso físico, si descompones la melodía de la voz en sus distintos sonidos y te preguntas si te cautiva cada uno de ellos. La vergüenza te impedirá admitirlo, pero es necesario hacer lo mismo con cada movimiento y pose en la danza y el pancracio. Excepto las acciones y los atributos virtuosos, descomponed siempre todas las demás cosas en componentes y devaluadlas. Haz de este principio una norma para toda tu vida.

3. Abrazar la trascendencia: El arte de estar preparado sin obstinación

Un alma verdaderamente admirable es la que está preparada para separarse del cuerpo en cualquier momento, ya sea que deje de existir, se desvanezca o continúe en otro reino. Sin embargo, esta disposición debe provenir de la convicción personal y no de la obstinación, a diferencia de los cristianos. Debe ser prudente, digna y persuasiva, sin recurrir a teatros dramáticos.

4. Encontrar recompensa en la contribución al bien común

¿He contribuido al bien común? Si es así, he recibido mi recompensa. Mantén este pensamiento en tu mente y continúa haciendo el bien sin cesar.

5. Desvelar el oficio virtuoso: Explorando los principios esenciales para la evolución universal y humana

¿Cuál es tu oficio? Ser virtuoso. ¿Y cómo lograrlo si no es mediante principios fundamentales, en parte sobre la naturaleza del universo y en parte sobre la estructura ideal de la humanidad?

6. Un recuerdo de la tragedia: El poder del teatro para aceptar los sucesos naturales de la vida

Inicialmente, las tragedias se representaban en el escenario para recordar a los individuos que los acontecimientos ocurren de forma natural y que es esencial aceptarlos tal y como son. Si uno se alegra de lo que se representa en el escenario, no debe desconcertarse por lo que ocurre en la realidad. Es evidente que ciertos acontecimientos están destinados a suceder y los individuos que gritan en protesta como "Oh Cithaeron" deben soportarlos. Los escritores dramáticos han formulado algunas afirmaciones dignas de mención, como: "Si los dioses nos desatienden a mí y a mis hijos, por algo será". Además, "Debemos aprender a aceptar lo que sucede" y "Debemos recoger los frutos de la cosecha de la vida como un campo de trigo".

Tras la tragedia, se introdujo la comedia antigua, que tenía una gran capacidad para hablar sin rodeos y, en consecuencia, servía para recordar a los individuos que se mantuvieran alejados de cualquier acto de insolencia. El propio Diógenes trató de aprender de tales escritores. En cuanto a la comedia media, estaba destinada a ser observada por su función, y dio lugar a la introducción de nuevas comedias que, con el tiempo, se convirtieron en meras representaciones. Aunque se sabe que incluso entre estos escritores se han hecho valiosas puntualizaciones, cabe preguntarse por la finalidad completa de tal poesía y teatro.

7. La condición vital perfecta para filosofar: ¡la suya ahora mismo!

No hay otra condición vital más adecuada para filosofar que en la que te encuentras actualmente.

8. El precio del odio: cómo la separación te aísla de la sociedad y la lucha por reincorporarte a las ramas del sistema social

Cuando se corta una rama de otra, necesariamente se corta de todo el árbol. Lo mismo ocurre con una persona que se separa de los demás: se separa de la sociedad en su conjunto. Mientras que una rama puede ser cortada por otra persona, una persona se separa de su prójimo a través de sus propias acciones, es decir, albergando odio y apartándose de ellos. Quizá no se dé cuenta de que, al hacerlo, también se separa de todo el sistema social. Sin embargo, Zeus, que creó la sociedad, nos ha concedido el privilegio de recuperar nuestro lugar en ella y convertirnos en parte activa del conjunto.

Sin embargo, la separación repetida dificulta la reunión de lo que una vez estuvo dividido y su restauración. Por último, una rama que ha crecido con el árbol desde el principio y sigue formando parte de su núcleo es fundamentalmente diferente de una que ha sido cortada y luego se ha vuelto a unir. Aunque pueda parecer que esta última crece junto al árbol, como dirían los jardineros, no está unida a él de la misma manera.

9. El arte de equilibrar razón y compasión: Navegando Obstáculos Hacia Tu Misión

Mientras sigues tu camino de recta razón, no permitas que nadie que se interponga en tu camino te disuada de tu misión. Sin embargo, aunque te mantengas firme, no permitas que te roben tu compasión hacia ellos. Ten en cuenta ambas cosas, no sólo en tu juicio y acción inquebrantables, sino también en tu bondad hacia quienes tratan de obstaculizarte o perturbarte. Perder los estribos con ellos también es una debilidad, como lo es desviarte de tu propósito y ceder al miedo. En ambos casos, estarías abandonando tu puesto, ya sea por miedo o por distanciamiento de alguien que es, por naturaleza, pariente y amigo.

10. El arte de la imitación: Por qué la naturaleza es la verdadera obra maestra

El arte no puede considerarse superior a la naturaleza, ya que las artes se limitan a imitar las cualidades inherentes a la naturaleza. De hecho, si las artes pretenden imitar a la naturaleza, entonces la naturaleza debe ser la fuente de inspiración más perfecta y completa. La naturaleza también debe ser capaz de alcanzar el mismo nivel de sofisticación y maestría que el arte. Toda forma de arte sirve a un propósito mayor, y la naturaleza no es una excepción. De hecho, aquí es donde se origina el concepto de justicia. Todas las demás virtudes derivan de la justicia. Por lo tanto, debemos ser diligentes para no centrarnos en cosas insignificantes ni volvernos imprudentes e incoherentes en nuestras acciones si queremos defender la justicia.

11. Libera el Juicio y Atrae tus Deseos: El poder de la energía tranquila

Si las cosas que deseas no se te presentan, aunque su persecución o evitación te inquieten, sigues ejerciendo energía hacia ellas. Por lo tanto, deja a un lado cualquier juicio que puedas tener sobre estas cosas, y se calmarán. Ya no te verás persiguiéndolas o evitándolas activamente.

12. La Luz Iluminadora: Revelando la Verdad de la Forma Esférica del Alma Intacta

La forma esférica del alma permanece intacta cuando no está extendiéndose, retirándose, dispersándose o cayendo, y, en cambio, está iluminada por una luz esclarecedora que le permite percibir la verdad, tanto la verdad de todas las cosas como la verdad inherente a sí misma.

13. Superar el desprecio: El noble carácter de la bondad y la benevolencia

Si alguien me desprecia, que lo haga. Mi preocupación es que no haga ni diga nada que merezca desprecio o reproche. Si alguien albergara odio hacia mí, que sepa que me dirigiré a todos con amabilidad y benevolencia. Es más, incluso le ayudaré a comprender su error sin ningún tipo de reproche ni exhibicionismo, tal y como hizo el gran Foción (a menos, claro está, que sólo estuviera fingiendo). Es crucial que el carácter de uno sea tal que incluso los dioses no lo vean insatisfecho o quejoso. Al fin y al cabo, ¿qué mal hay si uno hace lo que es mejor para su naturaleza y está satisfecho con lo que actualmente conviene al universo, ya que uno, como humano, está destinado a desempeñar su papel para el bien común?

14. Elevar y someter: La compleja dinámica de la interacción humana

Los seres humanos se menosprecian y se complementan, con el deseo de elevarse o someterse a los demás.

15. El engaño en las declaraciones: Por qué las palabras no bastan para juzgar el carácter de alguien

Qué poco sincero y deshonesto es alguien que declara: "¡Pienso tratarte con justicia!". ¿Por qué molestarse con esas palabras, amigo mío? Las acciones son más elocuentes que las palabras, y las intenciones se revelan a su debido tiempo. El carácter de una persona debería estar grabado en su frente, y sus ojos lo revelan inmediatamente. Del mismo modo, una persona amada puede leer el corazón de su amante a través de sus ojos. La honestidad y la bondad desprenden un fuerte aroma, que cualquier transeúnte puede detectar al acercarse, ya sea agradable o desagradable. La sencillez, sin embargo, es como un palo torcido: una afectación que hay que evitar. No hay nada más vergonzoso que una amistad falsa o lobuna. Ten cuidado con esto por encima de todo. Quienes son buenos, sencillos y bondadosos exhiben estas cualidades a través de sus ojos, y no hay forma de confundirlos. La alusión a la "amistad lobuna" es una referencia a la fábula de los lobos y las ovejas.

16. El poder interior: Cómo vivir tu mejor vida a través de la indiferencia y el autojuicio

Para vivir la mejor vida posible, el poder reside en nuestras almas. Si permanecemos indiferentes ante las cosas que son en sí mismas indiferentes, tendremos este poder. Lo conseguimos observando cada una de estas cosas por separado y en conjunto, recordando al mismo tiempo que ellas no producen una opinión sobre sí mismas, ni vienen a nosotros. Somos nosotros quienes creamos estos juicios, escribiéndolos nosotros mismos, pero tenemos el poder de no hacerlo. Alternativamente, si estos falsos juicios se han colado en nuestra mente, podemos borrarlos. Es imperativo que recordemos que esta atención a la indiferencia será breve, y la vida terminará. Es más, no hay ningún problema en hacer esto. Para las cosas que están de acuerdo con la naturaleza, regocíjate en ellas, y te resultarán fáciles. Por el contrario, si no lo son, busca lo que concuerde con tu naturaleza y esfuérzate por ello, aunque eso no te dé prestigio. Toda persona tiene derecho a perseguir su propio bien.

17. El viaje elemental: Explorando los orígenes y transformaciones de todas las cosas

Considere el origen, la composición, la transformación y la forma final de cada cosa. Además, reconoce que no se dañará durante este proceso.

18. Nueve cambios de mentalidad para superar la ofensa antes de que la ira se apodere de ti

Cuando alguien te ofenda, considera lo siguiente: primero, reflexiona sobre nuestra relación como humanos, y cómo fuimos creados para estar interconectados. Sin embargo, recuerda también que yo estaba destinado a guiarlos, como un carnero guía un rebaño o un toro guía una manada. Además, considera que, si todas las cosas no son meros átomos, la naturaleza lo ordena todo, y las cosas inferiores existen en beneficio de las superiores, y éstas, a su vez, las unas para las otras.

En segundo lugar, examina el tipo de personas que te han ofendido y cómo se comportan en la mesa o en la cama. Considera las actitudes que influyen en sus actos. Si alguien actúa de forma inadecuada, no permitas que esto te perturbe. No puedes cambiar su comportamiento mediante la ira, sino abordando la situación con una actitud pacífica.

En tercer lugar, considera que, si alguien actúa correctamente, no te enfades con él. Si actúa injustamente, comprenda que probablemente no entiende la verdad del asunto y actúa por ignorancia. No te tomes sus errores como algo personal, ya que no tienen nada que ver contigo.

En cuarto lugar, sé humilde y recuerda que todo el mundo comete errores. Aunque evites ciertas faltas, sigues teniendo la disposición de cometerlas. Sé empático y no juzgues duramente a los demás por los errores que cometan.

En quinto lugar, ten en cuenta que es posible que no entiendas del todo las circunstancias en las que actuó otra persona. Lo mejor sería que aprendieras mucho antes de juzgar las acciones de otra persona.

En sexto lugar, durante un momento de ira, recuerda que nuestro tiempo en la tierra es sólo efímero, y que no importará en el gran esquema de las cosas.

En séptimo lugar, entiende que las acciones de la gente no te molestan. En cambio, es tu opinión sobre sus acciones lo que te causa problemas. No puedes controlar las acciones de los demás, pero puedes controlar tus propios pensamientos y reacciones ante ellas.

En octavo lugar, date cuenta de que la ira y la frustración causadas por las acciones de alguien causan más dolor que las propias acciones.

En noveno lugar, la amabilidad genuina es invencible incluso para la persona más violenta. Si alguien intenta hacerte daño, sé amable y explícale por qué sus acciones no son correctas. Hazlo sin ira ni rencor en tu corazón para mostrarles un camino mejor.

Recuerda estas nueve reglas y empezarás a evolucionar como persona. Debes evitar la adulación o la ira hacia los demás, ya que ambas son perjudiciales. Ten en cuenta que dejarse llevar por la pasión es poco varonil, pero ser suave y gentil es más natural y varonil. Una persona que posee amabilidad y dulzura tiene más fuerza y valor que alguien que cede a ataques de ira o descontento. Por último, esperar que los hombres malos no se comporten mal es una tontería, porque nadie es perfecto. Sin embargo, pedir a quienes agravian a los demás que no te traten mal no es una petición irrazonable.

19. Venciendo a su Yo Inferior: Superando Cuatro Defectos Principales de la Facultad Superior

Hay cuatro faltas significativas de la facultad superior contra las que debes vigilar constantemente. Cuando los detectes, debes eliminarlos y recordarte a ti mismo con estas palabras: "Este pensamiento es innecesario y destructivo para la armonía social. Este pensamiento no proviene de mis pensamientos genuinos, lo cual es absurdo. Y, por último, si te reprochas algo, es señal de que tu parte divina está siendo derrotada por la parte menos honorable y fugaz de ti mismo: el cuerpo y sus bajos placeres."

20. Rebelarse contra la naturaleza: La lucha de la parte inteligente por la justicia y la satisfacción

Tu aspecto inteligente es la única parte de ti que es desobediente y está descontenta con su posición, mientras que tus partes aéreas y ardientes, incluso con su tendencia natural a elevarse, son dominadas y permanecen en la masa compuesta del cuerpo. Del mismo modo, tus partes terrosas y acuosas, cuya tendencia natural es descender, son elevadas a una posición que no les corresponde. Así, todas las partes elementales obedecen al universo, y una vez fijadas en cualquier lugar, permanecerán allí hasta que el universo les dé la señal de disolución. Es extraño, entonces, que sólo su aspecto inteligente desobedezca y muestre descontento, pues sólo está sujeto a aquellas cosas que son consistentes con su naturaleza, y aún así se resiste y se mueve en dirección opuesta. Cualquier inclinación hacia la injusticia, la intemperancia, la ira, la pena y el miedo no es más que el comportamiento de alguien que se desvía de la naturaleza.

Además, cuando la facultad de gobernar está insatisfecha con cualquier suceso, abandona su papel, ya que está diseñada no sólo para la justicia, sino también para el respeto y el culto a los dioses. Estas virtudes también se incluyen en la categoría general de estar satisfecho con el estado de las cosas y, en realidad, preceden a los actos de justicia.

21. El poder de una meta con propósito para una vida coherente y unida

Quien no tiene un objetivo coherente en la vida no puede lograr la coherencia en su vida. Sin embargo, no basta con tener un objetivo. Es fundamental tener el tipo de objetivo adecuado. No todas las cosas consideradas buenas por la mayoría tienen el mismo valor, sólo ciertas cosas, como las que afectan a la sociedad y a la política. Por lo tanto, debemos fijar un objetivo social y político común que dirija todos nuestros esfuerzos. Al hacerlo, nos comportaremos de manera uniforme y nos mantendremos fieles a nosotros mismos.

22. La historia de dos ratones: un estudio sobre estilos de vida y ansiedades urbanas contrapuestos

Piense en el contraste entre los estilos de vida del ratón rural y el urbano, y en el miedo y la inquietud que experimenta el ratón que vive en la ciudad.

23. Lamiae: Los espantapájaros de Sócrates y el poder de la opinión colectiva

Sócrates se refería a las opiniones colectivas como "Lamiae" o espantapájaros para aterrorizar a las mentes jóvenes.

24. Sombra para los forasteros: La tradición hospitalaria de los lacedemonios

Los lacedemonios solían proporcionar asientos a la sombra a los forasteros en sus actos públicos, mientras que ellos mismos se sentaban donde les daba la gana.

25. Orgullo tácito: La negativa de Sócrates a aceptar un favor

Sócrates se disculpó ante Pérdicas por no haber podido reunirse con él, explicando que no deseaba sufrir la humillación definitiva. En otras palabras, no quería aceptar un favor y luego verse incapaz de corresponderlo.

26. Revivir las virtudes del pasado: Por qué es clave pensar en los hombres de Éfeso

Los efesios escribieron sobre la importancia de pensar constantemente en los hombres virtuosos de antaño. Este precepto nos anima a reflexionar sobre las acciones y el carácter de estas personas.

27. Inspiración celestial diaria: El ritual pitagórico de contemplar el cielo por la mañana

Los pitagóricos nos recuerdan que debemos contemplar el cielo cada mañana. Esto nos ayuda a recordar los cuerpos celestes que desempeñan constantemente sus tareas de la misma manera, permaneciendo puros y expuestos. Cabe señalar que las estrellas no están cubiertas por ningún velo.

28. La sabiduría no convencional de Sócrates: Abrazar la humildad en la piel de los animales

Piensa en lo extraordinario que fue Sócrates cuando se vistió con piel de animal, tras haber sido despojado de su manto por su esposa Xanthippe. Piensa también en las palabras que dirigió a sus amigos, que retrocedieron avergonzados al verle con ese atuendo tan poco convencional.

29. Dominar la autodisciplina: La clave para establecer normas eficaces en la escritura y en la vida

Antes de establecer normas para los demás en la escritura o la lectura, primero debes aprender a obedecerlas tú mismo. Esto es aún más importante en la vida.

30. Silenciados por la esclavitud: La lucha por la libertad de expresión

Eres un esclavo; por lo tanto, la libertad de expresión no es para ti.

31. La risa del corazón: Una cita de la Odisea

Mi corazón se rió dentro de mí, dijo.
Odisea, ix. 413.

32. La polémica crítica de la virtud: por qué algunos optan por maldecirla

Maldecirán la virtud y hablarán duramente de ella.

33. Búsquedas infructuosas más allá de lo racional

Buscar higos durante el invierno se considera un acto de locura. Del mismo modo, una persona que busca a su hijo cuando ya no le está permitido es igualmente irrazonable (Epicteto, iii. 24, 87).

34. Momento de reflexión: La sorprendente filosofía de Epicteto sobre la aceptación de la mortalidad

Epicteto sugiere que cuando un hombre besa a su hijo, debería tomarse un momento para reflexionar sobre su mortalidad y susurrarse a sí mismo: "Mañana puede que ya no esté vivo". Sin embargo, algunos pueden ver esto como un pensamiento negativo. Epicteto discrepa, afirmando que ninguna palabra es intrínsecamente negativa si describe un hecho natural. Por ejemplo, hablar de espigas de maíz que están siendo cosechadas podría ser visto de forma similar como un "mal presagio".

35. Metamorfosis de las uvas: De jóvenes a pasas

La uva joven, el racimo adulto y la pasa se transforman, no en un estado de nada, sino en una nueva existencia aún no realizada.

36. Inquebrantable: El poder de elegir según Epicteto

Nadie puede privarnos de nuestra libertad de elección, como afirma Epicteto en su obra.

37. El arte de dominar el asentimiento: El eterno consejo de Epicteto sobre acciones y aversiones

Epicteto aconsejó que un hombre debe dominar el arte de dar su asentimiento y ser cauto en sus acciones, asegurándose de que son apropiadas a la situación y coherentes con las normas sociales. También debe tener en cuenta el valor del objeto en cuestión. Además, debe evitar estrictamente ceder a cualquier tipo de deseo sensual. En cuanto a la aversión, debe evitar expresarla hacia cosas que escapan a su control.

38. La locura en el centro del desacuerdo actual: Las opiniones de los expertos al descubierto

Según él, el presente desacuerdo no se refiere a ningún asunto ordinario, sino a si alguien está loco.

39. La interminable búsqueda de almas sanas y racionales: El cuestionamiento de Sócrates sobre el conflicto y la disputa

Sócrates preguntó una vez: "¿Deseas las almas de los hombres racionales o de los irracionales?". A lo que su interlocutor respondió: "Las almas de los hombres racionales". Sócrates preguntó, además: "¿Prefieres hombres racionales sanos o irracionales?". La respuesta fue: "Sólidos". Sócrates preguntó entonces: "Si esas almas ya están en tu poder, ¿por qué sigues enzarzado en conflictos y disputas?".

LIBRO 12

— Abrazar la vida y encontrar el equilibrio

La vida es corta e impredecible, por eso es importante tomarse tiempo para apreciar las cosas buenas y centrarse en lo importante. Debemos apuntar alto, ser honestos y no dejar que otros nos controlen. La muerte es segura, así que debemos aprovechar la vida al máximo y encontrar la felicidad en lo que se nos presente. Debemos abrazar el equilibrio y la justicia, y recordar que los dioses están en la vida cotidiana. Todo es uno, así que es cuestión de perspectiva. La vida es corta, así que disfrútala y recuerda preguntarte tu verdadero propósito y actuar para el bien.

1. Libera tu verdadero potencial: cómo alcanzar tus deseos con piedad y justicia

Puedes tener todas las cosas que deseas tomando un camino directo si no te las niegas a ti mismo. Esto significa pasar por alto el pasado y confiar en la providencia para el futuro, practicando al mismo tiempo la piedad y la justicia en el presente. Practica la piedad aceptando la suerte que te ha tocado en la vida, ya que la naturaleza la hizo para ti y tú para ella. Practica la justicia diciendo siempre la verdad y respetando las leyes que reflejan el valor de cada situación. No dejes que las malas acciones, opiniones, palabras o sensaciones físicas de nadie te desanimen; para eso está la parte pasiva de tu mente.

A medida que te acerques al final de tu vida, concéntrate únicamente en tu facultad de gobierno y en tu divinidad interior. No temas el cese de la vida en sí, sino más bien el miedo a no haber vivido nunca verdaderamente de acuerdo con la naturaleza. Al hacerlo, te convertirás en un individuo digno del universo que te vio nacer, dejando de sentirte como un extraño en tu propia casa o sorprendido por los acontecimientos cotidianos. También te liberarás de depender de esto o aquello.

2. Desbloquear la liberación: Abrazar tu verdadero yo intelectual según Dios

Dios percibe los verdaderos principios rectores de todos los individuos, despojados de sus cuerpos físicos e impurezas. Se centra únicamente en el intelecto que se origina en sí mismo y anima la forma humana. Siguiendo este enfoque, puedes liberarte de muchas cargas. Si no das importancia a tu existencia física, no te preocuparás por factores externos como la ropa, la vivienda y la fama.

3. Despojarse de los apegos: Una guía para vivir puro y libre

Estás hecho de tres cosas: un pequeño cuerpo, un poco de aliento (vida) e inteligencia. Cuidar de las dos primeras es responsabilidad tuya, pero la tercera es verdaderamente tuya. Por lo tanto, para vivir una vida pura y libre, sepárate de tu comprensión de lo que los demás dicen y hacen, así como de lo que tú has dicho y hecho, de los problemas futuros y de las cosas apegadas a tu cuerpo y a tu vida que están fuera de tu control. Despojándote de estos apegos, podrás vivir con justicia y encontrar la verdad, libre de los caprichos del destino. Para lograrlo, vive sólo en el presente y esfuérzate por ser como la esfera de Empédocles: todo alrededor y en reposo. Entonces, podrás vivir el resto de tu vida noblemente y obediente a tu dios interior, libre de interrupciones.

4. La paradoja del amor propio y la autoevaluación: Por qué valoramos más la opinión de los demás

A menudo me he preguntado por qué todo hombre se ama a sí mismo más que a nadie y, sin embargo, da menos importancia a la opinión que tiene de sí mismo que al punto de vista de los demás. Si apareciera una deidad o un mentor erudito y ordenara a una persona que expresara cada uno de sus pensamientos e ideas, no podría soportarlo ni siquiera un día. Esto demuestra cuánta más importancia damos a lo que los demás piensan de nosotros que a nuestra propia autoevaluación.

5. La paradoja de la virtud: ¿por qué los dioses abandonan a sus seguidores más devotos?

¿Cómo es posible que los dioses, que han orquestado el mundo de forma benévola para la humanidad, hayan descuidado el hecho de que algunos de los individuos virtuosos, que han tenido la conexión más estrecha con lo divino a través de actos de piedad y prácticas religiosas, deban dejar de existir por completo tras la muerte?

Sin embargo, si realmente es así, ten por seguro que los dioses lo habrían dispuesto de otra manera si fuera justo y natural. Porque no es el caso, esto no debería haber sido así. Cuestionar a la divinidad en este asunto sería presuntuoso, y no deberíamos atrevernos a discutir con los dioses a menos que fueran perfectamente justos y excelentes. Si este fuera el caso, entonces habrían actuado de forma racional y justa en su creación del universo y nunca habrían descuidado nada sin razón.

6. Desbloquea el potencial oculto: Abrazar el poder de practicar lo inconquistable

Practica incluso las cosas que crees que no puedes realizar. Tu mano no dominante, por ejemplo, puede ser inútil para la mayoría de las actividades por falta de práctica, pero puede sujetar la brida con más fuerza que tu mano dominante si has practicado haciéndolo.

7. Contemplación consciente: Abrazar la fugacidad de la vida y prepararse para la llegada de la muerte

Piensa en el estado en que debería encontrarse una persona -tanto física como emocionalmente- cuando la muerte llama a su puerta. Date cuenta de la brevedad de la vida, de la interminable extensión del tiempo que ha pasado y que aún está por venir, y de la fragilidad de todo lo físico.

8. Descubrir la esencia: El poder de la reflexión y el autoconocimiento

Reflexiona sobre los principios subyacentes de las cosas, despojadas de sus capas externas. Considera las intenciones que hay detrás de las acciones, así como la naturaleza del dolor, el placer, la muerte y la fama. Identifica la raíz de tu descontento y reconoce que nadie más puede impedir tu progreso. Recuerda que todo es subjetivo y está determinado por las opiniones.

9. Pancracio vs. Gladiador: Aplicar los principios para el éxito

Al aplicar tus principios, debes actuar como un pancracio, no como un gladiador. Un gladiador deja caer su espada y se vuelve vulnerable a la derrota, mientras que un pancracio siempre tiene la mano preparada para la acción. Lo único que tiene que hacer es utilizarla con eficacia.

10. Descubrir la esencia: Deconstruir la materia, la forma y el propósito

Observa la esencia de las cosas descomponiéndolas en su materia, forma y finalidad.

11. La verdadera medida de un hombre poderoso: Complacer a Dios y aceptar su voluntad

Un hombre poderoso no debe hacer nada que no sea del agrado de Dios y aceptar todo lo que Dios le proporcione.

12. Más allá de la culpa: Comprender el orden natural de las cosas

Cuando las cosas suceden de acuerdo con la naturaleza, no debemos culpar a los dioses, ya que nunca actúan mal ni a propósito ni accidentalmente. Del mismo modo, no debemos culpar a las personas a menos que actúen mal involuntariamente. En última instancia, no hay nadie a quien culpar en tales situaciones.

13. Sé realista: por qué no deben sorprenderte los giros de la vida

Ridículo y fuera de onda" describe a cualquiera que se vea sorprendido por los imprevisibles acontecimientos de la vida.

14. Enfrentarse al destino: navegar por las posibilidades de la providencia o el caos

Hay tres posibilidades: o existe una necesidad fatal, o una providencia bondadosa supervisa nuestro destino, o simplemente existe el caos sin ningún propósito ni guía. Si es cierto que existe una necesidad invencible, ¿para qué molestarse en resistirse a ella? Sin embargo, si existe una providencia que puede aplacarse, entonces esfuérzate por ser merecedor de la intervención divina. Pero si sólo hay confusión sin ninguna fuerza rectora, consuélate sabiendo que posees un intelecto rector en medio de la turbulencia. E incluso si la tormenta se lleva tu cuerpo físico y tu aliento, confórmate, pues no puede tocar tu intelecto.

15. La lámpara y el alma: ¿durará su luz?

¿Brillará la luz de la lámpara sin mancha hasta que se apague? Del mismo modo, ¿se apagarán antes de tu muerte la verdad, la justicia y la templanza que hay en ti?

16. Navegar por dilemas morales ante la vergüenza y la ira

Cuando un hombre parece haber hecho algo incorrecto, ¿cómo puedo determinar si el acto es realmente incorrecto? E incluso si se comportó incorrectamente, ¿cómo puedo estar seguro de que no se ha condenado a sí mismo? Es como si ya se hubiera avergonzado a sí mismo con sus propios actos. Te pido que consideres esto: quienes desean que las personas malas se abstengan de actuar mal son como quienes esperan que las higueras no produzcan jugo en sus frutos, que los niños no lloren o que los caballos no relinchen: estas cosas son inevitables. Entonces, ¿qué debemos hacer con individuos de tal carácter? Si te enfadas con facilidad, céntrate en corregir tu propio temperamento en lugar de intentar cambiar el comportamiento de los demás.

17. Guiar tus acciones: El poder de actuar conforme a la verdad y la moral

Si está mal, no lo hagas; si no es verdad, no lo digas. Deja que tus acciones se guíen por este principio...

18. Descomponer la apariencia: Por qué conocer los orígenes es clave para comprender

Presta siempre atención al origen de la apariencia que te produce la cosa y desglósala en su forma, fondo, objetivo y duración.

19. Desbloquear tu divinidad interior: Superar las emociones con Epicteto

Date cuenta de que dentro de ti hay algo superior y más divino que los factores que desencadenan distintas emociones y parecen controlarte. Considera qué ocupa actualmente tus pensamientos: ¿es miedo, sospecha, deseo u otra emoción similar?

20. Acciones conscientes: Al servicio de un objetivo social mayor mediante la corrección y la edición de textos

Para empezar, evita cualquier acción precipitada o irreflexiva, y ten siempre en mente un propósito claro. Además, asegúrate de que tus acciones se dirigen únicamente a lograr un resultado positivo para la sociedad en su conjunto.

21. Abrazar nuestra insignificancia: El ciclo eterno de la vida y la evolución

Mientras lees esto, recuerda que pronto te volverás insignificante y todo lo que te rodea dejará de existir. Esto incluye las cosas que ves ahora y las personas que están vivas contigo. Eso es porque la naturaleza ha diseñado todo para que evolucione y llegue a su fin, dejando paso a un ciclo continuo de cosas nuevas y vida.

22. Encontrar la paz en la tranquila bahía del control subjetivo: Desprenderse de las opiniones para lograr serenidad y estabilidad

Recuerda que todo es subjetivo y está bajo tu control. Decide desprenderte de tus opiniones y encontrarás paz, estabilidad y serenidad, como un marinero que ha navegado alrededor de un cabo y ha encontrado una bahía tranquila y apacible. Elimina los pensamientos innecesarios y encontrarás una sensación de equilibrio.

23. Abrazar el final natural de la vida: La transición positiva y oportuna a lo universal

Cualquier actividad, independientemente de su naturaleza, no sufre ningún daño una vez que ha finalizado en el momento adecuado. Del mismo modo, la persona que llevó a cabo el acto tampoco experimenta ningún daño porque el acto ha cesado. Del mismo modo, la totalidad de nuestra vida -que comprende todos nuestros actos y acciones- no sufre ningún daño cuando termina en el momento adecuado. Además, la persona que concluye esta serie de acciones en el momento adecuado no recibe un trato injusto.

La naturaleza define el momento adecuado y el límite, que puede ser la naturaleza distinta de los humanos en la vejez, o siempre la naturaleza universal responsable del cambio en las partes del universo para que siga siendo siempre verde y perfecto. Y todo lo que se considera beneficioso para el universo es siempre ideal y oportuno. En consecuencia, el final de la vida nunca puede ser un mal para nadie, ya que no sólo escapa a nuestro control, sino que tampoco va en contra del interés general. Por el contrario, es un acontecimiento positivo porque es oportuno, beneficioso y coherente con lo universal. En consecuencia, cuando una persona se mueve en la misma dirección y por la misma razón que la deidad, también se siente conmovida por ella.

24. Tres principios para una existencia orgullosa: Justicia, atención plena y perspectiva

Siempre debes adherirte a tres principios: Cuando actúes, no hagas nada sin pensar y actúa siempre con justicia; ante las circunstancias externas, comprende que son fruto de la casualidad o de la providencia, y no culpes ni acuses a ninguna de las dos. En segundo lugar, contempla la composición de cada ser vivo, desde su semilla hasta el momento en que recibe un alma, y desde el momento en que recibe un alma hasta el momento en que fallece. Analiza los elementos que componen cada ser y su eventual descomposición. En tercer lugar, si de repente te elevaras por encima de la tierra para observar los asuntos humanos y contemplar la inmensidad del aire y el éter circundantes, siempre verías las mismas cosas: similitudes formales y existencia breve. ¿Hay alguna razón para jactarse de tales cosas?

25. Libérate de las opiniones y experimenta la verdadera salvación: Superar las barreras que te frenan

Deshazte de tus opiniones y te salvarás. Entonces, ¿qué te impide deshacerte de ellas?

26. El poder de dejar ir: Abrazar el orden natural de la vida

Cuando te sientas preocupado por algo, es importante que recuerdes que todo ocurre según el orden natural de las cosas y que las acciones ilícitas de los demás no te conciernen. Además, es crucial que reconozcas que todo lo que ocurre no es exclusivo de ti, ya que ocurre en todas partes y siempre ha sido así. También es importante comprender la conexión que existe entre todos los seres humanos, ya que no sólo estamos emparentados por la sangre o la ascendencia, sino por nuestra inteligencia y nuestras experiencias comunes. La inteligencia de cada persona es un don divino, que le ha sido concedido por lo divino. Recuerda que nada te pertenece, ni siquiera tu cuerpo y tu alma, pues todos son dones de lo divino. Por último, ten presente que todo es opinión y que el único momento que de verdad importa es el presente. Por tanto, no pierdas el tiempo preocupándote por el pasado o el futuro, sino céntrate en el momento presente.

27. Los peligros de perseguir el orgullo: Lecciones sobre la fama, la desgracia y la humildad

Recuerda siempre a los que se han quejado mucho de algo, o a los que han alcanzado mayor fama, sufrido grandes desgracias o enemistades o incluso buena fortuna. Luego, pregúntate dónde están ahora. No son más que humo y ceniza, o ni siquiera dignos de un relato. Recuerda también cómo Fabius Catellinus vivía en el campo, Lucius Lupus en sus jardines, Stertinius en Briae y Tiberius en Capreae. Piensa en la ansiosa búsqueda de cualquier cosa que acabe con el orgullo, y en lo inútiles que son tales búsquedas. En cambio, es más filosófico centrarse en mostrarse justo, templado, obediente a los dioses, y hacerlo con sencillez. Recuerda que no hay nada más intolerable que el orgullo que se jacta de su propia falta de orgullo.

28. Poder innegable: Atestiguar la existencia de los dioses mediante la reverencia

Cuando la gente pregunta dónde se puede encontrar a los dioses, o cómo se puede creer realmente en su existencia y venerarlos, mi respuesta es sencilla. En primer lugar, los dioses se pueden ver a simple vista. En segundo lugar, yo nunca he visto mi propia alma, pero aún así la contemplo con la mayor reverencia. Por lo tanto, mi comprensión de la existencia de los dioses proviene de su innegable poder, del que soy testigo constantemente, lo que me lleva a venerarlos.

29. Desvelar el secreto de una vida segura y plena: Un enfoque holístico

La esencia de la seguridad en la vida reside en examinar a fondo todos los aspectos: comprender tanto la parte material como la formal. Es imperativo abordar esto con total devoción y esforzarse por ser justo y honesto. Una vez conseguido, el único paso lógico es disfrutar de la vida al máximo enlazando diversas experiencias positivas, sin pausa entre ellas.

30. La fuerza unificadora: Cómo el alma inteligente une todos los elementos

Hay una luz singular que emana del sol, aunque su resplandor pueda estar obstruido por muros, montañas y otras estructuras infinitas. Del mismo modo, existe una sustancia singular, aunque esté dispersa entre innumerables cuerpos, cada uno con sus características únicas. Lo mismo ocurre con el alma, que está presente en todas las infinitas naturalezas y seres individuales. Incluso el alma inteligente parece estar fragmentada, pero permanece íntegra. Entre estos elementos mencionados, los componentes sin sensación, como el aire y la materia, carecen de comunión. Sin embargo, el principio inteligente une incluso a estos elementos con su atracción gravitatoria. Sin embargo, el intelecto tiene una inclinación exclusiva hacia sus semejantes y, como tal, nunca está desconectado del sentimiento de comunidad.

31. Encontrar los deseos eternos: Equilibrio entre sensación, razón y fe más allá de la muerte

¿Desea continuar su existencia? Si es así, ¿deseas experimentar sensaciones, movimiento y crecimiento? ¿Y luego, una vez más, dejar de crecer, de hablar, de pensar? ¿Qué te parece deseable? Si nada de esto tiene valor, dirígete a lo que te queda: seguir a la razón y a Dios. Es contradictorio honrar a la razón y a Dios, y al mismo tiempo estar ansioso y molesto por perder estas cosas debido a la muerte.

32. La insignificancia del tiempo: por qué es importante seguir a tu corazón

¡Qué minúscula porción de la vasta e incomprensible extensión del tiempo se asigna a cada individuo, desapareciendo rápidamente en el infinito! ¡Y cuán infinitesimal parte de la composición entera; y cuán marginal componente de la conciencia colectiva; y cuán insignificantemente diminuta mota de polvo habitas! Reflexionando sobre estas realidades, concluye que nada es verdaderamente grandioso, excepto seguir tus inclinaciones inherentes, y tolerar todo lo que es entregado por el universo compartido.

33. El quid del control: cómo se utiliza el poder gobernante

¿Cómo se utiliza la facultad de gobernar? Éste es el quid de la cuestión. Todo lo demás, esté o no bajo su control, no son más que escombros y humos inertes.

34. Abrazar la inmortalidad: Encontrar el desdén hacia la muerte a través de la reflexión

Esta reflexión es la más adecuada para inspirarnos desdén hacia la muerte, ya que incluso aquellos que consideran el placer una virtud y el dolor un vicio han seguido teniéndola en poca estima.

35. La esencia del hombre ideal: Racionalidad, oportunidad e indiferencia ante la muerte

El hombre ideal cree que la bondad debe llegar en el momento oportuno, y le es indiferente realizar más o menos acciones acordes con la racionalidad. Además, no le importa si medita sobre el mundo durante más o menos tiempo. Una persona así no ve la muerte como un acontecimiento terrible.

36. Abrazar el telón: Por qué aceptar el papel de la naturaleza en nuestra partida puede traer la paz

Querido amigo, has sido ciudadano de este gran mundo, y no importa si durante tres o cinco años. La justicia es justa para todos los que obedecen las leyes. Si la naturaleza, y no un gobernante o un juez injusto, te destituye de este estado, ¿por qué deberías quejarte? Es como si un actor fuera despedido del escenario por el director. Puedes decir que no has completado los cinco actos, pero en la vida, tres actos pueden ser todo tu drama. La persona que compuso y disolverá la obra decide qué la completa, no tú. Por lo tanto, no eres responsable de tu partida y puedes dejar este mundo satisfecho, igual que quien te libere también será feliz.

GLOSARIO

Este Glosario incluye todos los nombres propios (salvo algunos insignificantes o desconocidos) y todas las palabras obsoletas u oscuras.

Adriano o Adriano (76-138 d. C.), decimocuarto emperador romano.

Agripa, M. Vipsanio (63-12 a. C.), destacado militar bajo Augusto.

Alejandro Magno, rey de Macedonia y conquistador de Oriente, 356-323 a. C.

Antístenes de Atenas, fundador de los cínicos y enemigo de Platón, vivió en el siglo V a. C. Antonino Pío, por su parte, fue el decimoquinto emperador romano entre los años 138 y 161 d. C. y uno de los mejores gobernantes que jamás haya llevado una corona.

Apathia: el ideal estoico era la calma en todas las circunstancias, la insensibilidad al dolor y la ausencia de toda exaltación ante el placer o la buena fortuna.

Apeles, renombrado pintor de la Antigüedad.

Apolonio de Alejandría, llamado Díscolo, o el "malhumorado", un gran gramático.

Aposteme, tumor, excrecencia.

Arquímedes de Siracusa, 287-212 a. C., el matemático más famoso de la Antigüedad.

Athos, promontorio montañoso al N. del mar Egeo.

Augusto, primer emperador romano (31 a. C.-14 d. C.).

Evitar, anular.

Bacchius: hubo varias personas con este nombre, y el que se refiere es tal vez el músico.

Bruto (1) el libertador del pueblo romano de sus reyes, y (2) el asesino de César. Ambos nombres eran palabras familiares.

Cæsar, Caius, Julius, el Dictador y Conquistador.

Caieta, ciudad del Lacio.

Camilo, famoso dictador de los primeros tiempos de la República Romana.

Carnuntum, ciudad a orillas del Danubio en la Alta Panonia.

Catón, llamado de Útica, estoico que murió por su propia mano tras la batalla de Thapsus, 46 a. C. Su nombre era proverbial por la virtud y el valor.

Cauteloso, precavido.

Cecrops, primer rey legendario de Atenas.

Charax, tal vez el historiador sacerdotal de ese nombre, cuya fecha se desconoce, salvo que debe ser posterior a Nerón.

Cirujano, cirujano.

Crisipo, 280-207 a. C., filósofo estoico y fundador del estoicismo como filosofía sistemática.

El Circo Máximo de Roma, un lugar de entretenimiento, donde cuatro Factiones, o compañías, competían por la supremacía. Cada una se distinguía por su color: rojo, blanco, azul y verde. Aunque la competición era feroz, con muchos estallidos de violencia, era un lugar de alegría y celebración. Donde las risas y los aplausos resonaban en las gradas, y se hacían campeones, y se formaban rivalidades. Un lugar de gran espectáculo y una arena de inmensa rivalidad.

Citerón, cadena montañosa al N. del Ática.

Comedia, antigua; término aplicado a la comedia ática de Aristófanes y su época, que criticaba a las personas y la política, como una revista cómica moderna, como Punck. Véase Nueva comedia.

Compendioso, corto.

Engreimiento, opinión.

Contentamiento, satisfacción.

Crates, filósofo cínico del siglo IV a. C.

Cruso, rey de Lidia, proverbial por su riqueza; reinó 560-546 a. C.

Los cínicos, una escuela de filósofos liderada por Antístenes, pretendían volver a un estado de naturaleza rechazando todas las reivindicaciones civiles y sociales. Sus textos eran una versión irónica del socratismo, en la que sólo la virtud se consideraba buena y el vicio malo. Aunque su misión era noble, sus modales eran a menudo desagradables, una contradicción que aún se manifiesta en la sociedad actual.

Demetrio de Falerón, orador, estadista, filósofo y poeta ateniense. Nació en 345 a. C.

Demócrito de Abdera (460-361 a. C.), célebre como el "filósofo risueño", cuyo pensamiento constante era "Qué tontos son estos mortales". Inventó la Teoría Atómica.

Dio de Siracusa, discípulo de Platón y posteriormente tirano de Siracusa. Asesinado en 353 a. C.

Diógenes, el Cínico, nacido hacia el 412 a. C., famoso por su rudeza y dureza.

Diogneto, pintor.

Prescindir, aguantar.

Dogmata, dichos concisos o reglas filosóficas de la vida.

Empédocles de Agrigento, hacia el siglo V a. C., filósofo que estableció por primera vez la existencia de "cuatro elementos". Creía en la transmigración de las almas y en la indestructibilidad de la materia.

Epicteto, célebre filósofo estoico, era de origen frigio. Comenzó como esclavo y más tarde se convirtió en hombre libre, aunque permaneció cojo, empobrecido y, sin embargo, contento. Sus discursos fueron posteriormente recogidos y publicados en la obra conocida como el Encheiridion, compilada por uno de sus alumnos.

Epicúreos, secta de filósofos fundada por Epicuro, que "combinaba la física de Demócrito", es decir, la teoría atómica, "con la ética de Aristipo". Proponían vivir para la felicidad, pero la palabra no tenía ese sentido tosco y vulgar original que pronto tomó.

Epicuro de Samos, 342-270 a. C. En Atenas, en sus verdes jardines, llevó una vida de urbanidad y benevolencia, aunque algo improductiva. Su carácter era sencillo y templado, y no poseía ninguno de los vicios o excesos que más tarde se atribuirían a la escuela epicúrea.

Eudoxo de Cnido, famoso astrónomo y médico del siglo IV a. C.

Fatal, predestinado.

Fortuito, casualidad (adj.).

Fronto, M. Cornelio, retórico y abogado, nombrado cónsul en 143 d. C. Se conservan varias cartas suyas a M. Aur. y a otros.

Granua, afluente del Danubio.

Helice, antigua capital de Acaya, engullida por un terremoto, 373 a. C.

Helvidio Prisco, yerno de Frasea Paeto, hombre noble y amante de la libertad. Fue desterrado por Nerón y condenado a muerte por Vespasiano.

Heráclito de Éfeso, que vivió en el siglo VI a. C. Escribió sobre filosofía y ciencias naturales.

Herculano, cerca del Vesubio, sepultado por la erupción del 79 d. C.

Hércules, debería ser Apolo. Ver Musas.

Hiato, brecha.

Hiparco de Bitinia, astrónomo del siglo II a. C., "El verdadero padre de la astronomía".

Hipócrates de Cos, hacia 460-357 a. C. Uno de los médicos más conocidos de la Antigüedad.

Idiota, significa simplemente el que no es competente en nada, el "lego", el que no ha recibido formación técnica en ningún arte, oficio o vocación.

Leonato, distinguido general de Alejandro Magno.

Lucilla, hija de M. Aurelius, y esposa de Verus, a quien sobrevivió.

Mæcenas, consejero de confianza de Augusto y generoso mecenas de ingenios y literatos.

Máximo, Claudio, filósofo estoico.

Menipo, un filósofo cínico.

Meteores, ta metewrologika, "alta filosofía", utilizada especialmente de la astronomía y la filosofía natural, que estaban ligadas a otras especulaciones.

Comedia Media, algo a medio camino entre la Comedia Antigua y la Nueva. Véase Comedia Antigua y Comedia Nueva.

Los estoicos distinguían entre tres reinos: el virtuoso, el vicioso y el "indiferente". Sin embargo, consideraban "indiferente" gran parte de lo que el mundo considera bueno o malo, como la riqueza o la pobreza. De tales asuntos, algunos debían perseguirse, mientras que otros debían rechazarse.

Musas, las nueve deidades que presidían diversos tipos de poesía, música, etc. Su jefe era Apolo, uno de cuyos títulos es Musegetes, el jefe de las Musas.

Nervios, cuerdas.

Comedia nueva, la comedia ática de Menandro y su escuela, que no criticaba a las personas sino las costumbres, como una ópera cómica moderna. Véase Comedia antigua.

Palestra, escuela de lucha.

Pancracio, competidor en el pancracio, competición combinada que comprendía el boxeo y la lucha.

Parmularii, gladiadores armados con un pequeño escudo redondo (parma).

Feidias, el escultor más famoso de la antigüedad.

Filipo, fundador de la supremacía macedonia y padre de Alejandro Magno.

Foción, general y estadista ateniense, hombre noble y de altas miras, siglo IV a. C. Demóstenes le llamó "el podador de mis periodos". Fue condenado a muerte por el Estado en el año 317, por una falsa sospecha, y dejó un mensaje a su hijo "para que no guarde rencor a los atenienses".

Pino, tormento.

Platón de Atenas, 429-347 a. C. Utilizó el método dialéctico inventado por su maestro Sócrates. Fue un filósofo-poeta, dicen, cuya Teoría de las Ideas afirmaba que las cosas eran lo que eran en función de su participación en la Idea eterna. En su "Mancomunidad" imaginó un mundo utópico, un lugar de perfección y armonía.

Platónicos, seguidores de Platón.

Pompeya, cerca del Vesubio, sepultada por la erupción del 79 d. C.

Pompeyo, C. Pompeyo Magno, general de gran éxito al final de la República romana (106-48 a. C.).

Prestidigitador, malabarista.

Pitágoras de Samos, filósofo, científico y moralista del siglo VI a. C.

Quadi, una tribu del sur de Alemania. M. Aurelius les hizo la guerra, y parte de este libro fue escrito en el campo de batalla.

Rictus, boca, mandíbulas.

Rústico, Q. Junio, o filósofo estoico, dos veces nombrado cónsul por M. Aurelio.

Sacrario, santuario.

Salaminius, León de Salamina. Los Treinta Tiranos ordenaron a Sócrates que lo llevara ante ellos, y Sócrates, por su cuenta y riesgo, se negó.

Sarmatae, tribu que vive en Polonia.

Sceletum, esqueleto.

Las profundas reflexiones de Pirro, un antiguo filósofo griego que vivió cuatro siglos antes del nacimiento de Cristo, han sido durante mucho tiempo fuente de contemplación e investigación. Sus enseñanzas sobre la relatividad del conocimiento y la imposibilidad de la prueba han inspirado una escuela de pensamiento conocida como "escepticismo". Sus palabras, aunque pronunciadas hace milenios, siguen siendo tan pertinentes hoy como lo fueron en su tierra natal. El agnosticismo también comparte muchos de los principios filosóficos de Pirro, por lo que ambas escuelas de pensamiento son compañeras naturales en la búsqueda del conocimiento.

Escipión, nombre de dos grandes soldados, P. Corn. Escipión Africano, vencedor de Aníbal, y P.

Maíz. Sc. Afr. Menor, que entró en la familia por adopción, que destruyó Cartago.

Secutoriani (palabra acuñada por C.), los Sececutores, gladiadores de armas ligeras, que se enfrentaban a otros con red y tridente.

Sexto de Queronea, filósofo estoico, sobrino de Plutarco.

Tonto, simple, común.

Sinuessa, ciudad del Lacio.

Sócrates, filósofo ateniense (469-399 a. C.), fundador del método dialéctico. Sus compatriotas lo condenaron a muerte bajo una acusación falsa.

Escatimar, limitar (sin que ello implique tacañería).

El modo de vida estoico fue fundado por un sabio llamado Zenón en el siglo IV a. C. y posteriormente sistematizado por Crisipo en el siglo III. Creían que la materia física era la esencia del universo y su objetivo era vivir de acuerdo con la naturaleza. Su hombre perfecto no tenía carencias; todo lo que necesitaba era su propia sabiduría. Valoraban la virtud y desaprobaban el vicio, aunque creían que las cosas externas no tenían importancia.

Teofrasto, filósofo, alumno de Aristóteles y su sucesor como presidente del Liceo. Escribió numerosas obras sobre filosofía e historia natural. Falleció en 287 a. C.

Thrasea, P. Thrasea Pactus, senador y filósofo estoico, hombre noble y valiente. Fue condenado a muerte por Nerón.

Tiberio, segundo emperador romano (14-31 d. C.). Pasó la última parte de su vida en Capreae (Capri), cerca de Nápoles, en el lujo o el libertinaje, descuidando sus deberes imperiales.

To-torn, hecho pedazos.

Trajano, XIII emperador romano, 52-117 d. C.

Verus, Lucio Aurelio, colega de M. Aurelio en el Imperio. Se casó con Lucilla, hija de M. A., y murió en 169 d. C.

Vespasiano, IX emperador romano Xenócrates de Calcedonia, 396-314 a. C., filósofo y presidente de la Academia.

ÍNDICE

Printed in Great Britain
by Amazon